마흔에 읽는
한용운 채근담

마흔에 읽는
한용운 채근담

초판 1쇄 발행 2023년 5월 25일

엮은이 용화
펴낸이 정성욱
펴낸곳 이정서재

편집 정성욱
마케팅 정민혁

출판신고 2022년 3월 29일 제 2022-000060호
전화 02)732-2530 ㅣ FAX 02)732-2531
이메일 jspoem2002@naver.com

여러분의 소중한 원고를 기다립니다.
jspoem2002@naver.com

마흔에 읽는
한용운

채근담

한용운 지음 | 용화 옮김

이정
서재

나를 가꾸는데 필요한 불멸의 고전

만해 한용운은 조선의 대표적인 승려이며 시인으로서 1919년 3·1운동 당시 민족대표 33인의 독립선언서에 서명하다가 체포되어 3년형을 선고받고 감옥생활을 한 독립운동가입니다. 특히 그가 감옥에서 쓴 '조선 독립의 서書'는 조선독립선언의 이유를 밝힌 명문으로 지금까지도 각인刻印되어 있습니다. 그런 한용운이 왜 명나라 때의 『채근담』을 다시 집필하였을까요?

원래 『채근담』은 명나라 만력제 연간의 문인이며 상인 가문 출신이었던 홍자성이 험난한 인생의 여정을 겪고 난 뒤, 후세 사람들에게 삶의 지혜를 일러주기 위해 쓴 책으로써 동서양에 널리 알려진 '수신修身'의 기본이며 불멸의 고전입니다. 지금까지 전해 내려오는 책은 명나라 때 홍자성이 쓴 것과 청나라 때 홍응명이 쓴 것이 있으나 일각에서는 두 사람이 똑같은 인물이라는 설이 있지만 분명치 않습니다.

'채근採根'은 '나무뿌리'를 가리키고 '담譚'은 이야기로 풀뿌리를 씹듯이 되씹어 음미해야 할 가르침입니다. 또한 『소학小學』에 인용된 송나라 때의 왕신민은 "사람이 항상 나무뿌리를 씹어 먹고 사는 것처럼 인생을 견디면서 살 수 있으면 곧 백 가지의 일도 능히 이룬다."라고 했습니다. 이 말은 곧 사람이 인생의 역경을 이기면 이 세상에서 못할 일은 하나도 없다는 의미입니다.

추측하건대, 한용운도 일제 강점기의 힘든 삶을 사는 조선인들에게 용기와 지혜를 심어주기 위해 당시 조선의 실정에 맞게 새롭게 편역하여 조선의 신문학과 신문화운동에 공헌한 〈신문관新聞官〉에서 『채근담 정선강의』라는 제목으로 발행했던 것 같습니다.

저는 홍자성이 지은 『채근담』을 읽으면서 현대인들이 읽기에는 현실에 맞지 않는 부분들이 많다는 생각을 하였습니다. 그러나 한용운이 쓴 이 책은 문장마다 주옥같은 가르침이 있는 것은 물론, 한 편 한 편마다 향기가 나는 내용들이어서 번역하게 되었습니다. 하지만 문장이 어려운 한자로 되어 있어 현대적 어법에 맞게 번역한 뒤 간략한 해설을 붙이고 세상의 근본은 '공사상'과 '마음 작용'에 달려 있다는 생각이 들어 '마음의 그릇' '마음의 거울' '만물의 이치' '공空의 이치' '마음의 본체' '평상심이 곧 도道다' 등 총 6부로 나누게 되었습니다.

그리고 이 책은 학자들을 위한 책이 아니라 독자가 읽기 쉽고 이해하기 쉬운 형태로 옮겼음을 아울러 일러 드립니다. 인생의 지혜를 가르쳐주는 『한용운 채근담』을 읽고 힘든 세상 속에서 나를 가꾸는 지혜를 증득證得하는데 큰 도움이 되었으면 좋겠습니다.

2023. 봄 수리산 용화사에서

용화

제1부
마음의 그릇

제1부

:

마음의 그릇

아무리 많은 비가 내려도
작은 종지는 비를 받을 수 없듯이
아무리 많은 복을 줘도
마음 그릇이 작으면 받을 수 없다.
내가 가진 마음의 그릇에
성공과 실패가 달려 있다.

참된 청렴이란

참된 청렴은 청렴하다고 스스로 이름하지 않는다.
이름이 나는 이유는 탐욕이 있기 때문이다.
뛰어난 재능은 교묘한 술수를 쓰는 것과는 다르다.
술수를 쓰는 사람은 재능이 부족하다.

眞廉無廉名 立名者正所以爲貪
진 염 무 염 명　입 명 자 정 소 이 위 탐

大巧無巧術 用術者乃所以爲拙
대 교 무 교 술　용 술 자 내 소 이 위 졸

진짜 청렴한 사람은 스스로 청렴하다고 말하지 않습니다. 스스로 청렴하다고 자랑하는 사람이 오히려 더 많은 욕심을 가지고 있습니다. 또한 뛰어난 재능을 가진 사람은 부단한 노력을 스스로 하였기에 재주나 교묘한 술수로 남을 현혹하지 않습니다. 재능과 재주는 근본적으로 뜻이 다릅니다. 재능은 타고난 끼에 자신의 정신을 쏟아 부어서 얻어지는 것이지만, 재주는 한갓 남을 속이는 교묘한 술수에 지나지 않습니다. 옛말에 "지극히 둥근 것은 그림쇠*가 필요 없으며 지극히 모난 것은 곱자**가 필요 없다."고 했습니다.

*그림쇠: 지름이나 선의 거리를 재는 기구.
**곱자: 나무나 쇠를 이용하여 90도 각도로 만든 'ㄱ' 자 모양의 자.

복을 받으려면 복을 지어라

복은 얻으려고 해서 얻어지는 것이 아니며
복을 베풀어 복을 부르는 근본으로 삼아야 하고,
화는 피한다고 피해지는 것이 아니며
살생의 기회를 없애
화를 멀리하는 방책으로 삼아야 한다.

福不可徼 養喜神 以爲招福之本
복 불 가 요 양 희 신 이 위 초 복 지 본

禍不可避 去殺機 以爲遠禍之方
화 불 가 피 거 살 기 이 위 원 화 지 방

복을 베풀지도 않고서 복을 기대하는 것은 한마디로 우매한 사람입니다. 선한 일을 하면 자신도 모르게 복이 찾아듭니다. 복 받을 일도 하지 않고 복을 받으려고 하는 것은 욕심입니다. 우환憂患도 피한다고 해서 피해지는 게 아니라 근본적으로 화의 계기가 되는 것을 만들지 말아야 합니다. 이것이 화를 미리 없애는 방책입니다.

온화한 성품을 가져라

천지 기운이 온화하면 뭇 생명들이 자라고,
한파가 닥치면 생명이 죽는 것처럼
성품과 기운이 차가운 사람은 받는 복도 적다.
기운과 마음이 온화한 사람은 복도 많이 받고
그에 대한 혜택도 길고 오래 간다.

天地之氣 暖則生 寒則殺 故性氣清冷者 受享亦凉薄
천 지 지 기 난 즉 생 한 즉 살 고 성 기 청 랭 자 수 향 역 양 박

唯氣和心暖之人 其福亦厚 其澤亦長
유 기 화 심 난 지 인 기 복 역 후 기 택 역 장

뭇 생명들은 천지의 기운을 받으면서 살아갑니다. 만약, 뭇 생명들이 태양의 빛과 대지의 기운을 단 하루라도 받지 못 하면 죽을 수밖에 없습니다. 사람도 뭇 생명들과 마찬가지로 천지 기운을 받으면서 삽니다. 성품이 온화한 사람은 천지 기운을 많이 받기에 많은 복이 들어오지만, 반대로 성품이 차갑고 어질지 못한 사람은 복도 들어오지 않습니다. 그러므로 천지로부터 좋은 기운을 받으려면, 먼저 남에게 덕을 베풀어서 자신의 성품을 밝게 해야 합니다. 그래야 집안도 윤택하게 되고 몸과 마음도 건강해집니다.

지나간 일에 너무 집착하지 말라

바람이 성긴 대밭에 불다가 사라지면
바람 소리가 대밭에 더는 머물지 않고
차가운 연못 위를 날던 기러기도 날아간 뒤에는
기러기의 그림자가 연못에 머물지 않듯이
고로 군자도 일이 있을 때 비로소 마음이 나타나며
일을 마친 뒤에는 그 마음도 사라진다.

風來疎竹 風過而竹不留聲
풍 래 소 죽   풍 과 이 죽 불 유 성

雁度寒潭 雁去而潭不留影
안 도 한 담   안 거 이 담 불 유 영

故君子事來而心始現 事去而心隨空
고 군 자 사 래 이 심 시 현   사 거 이 심 수 공

성긴 대밭에 세찬 바람이 불면, 나뭇잎이 흔들리고 서걱이는 바람 소리가 납니다. 그러나 바람이 사라지면 대밭에서 서걱이던 바람 소리도 사라집니다. 또한 기러기가 차가운 연못 위를 날고 있으면 태양의 빛에 의해 그 그림자도 생기지만, 기러기가 멀리 날아가 버리면 그림자 또한 흔적 없이 사라집니다. 이처럼 사물도 근원이 사라지면, 어떠한 현상도 남지 않습니다. 군자의 마음도 이와 같아서 반드시 자신이 해야 할 일이 있을 땐 성심을 다하지만, 일을 마친 뒤에는 지나간 일에 집착하지 않습니다. 이것이 군자의 바른 도리입니다. 지나간 일에 대해서 너무 집착하지 마세요.

인생은 후반부가 중요하다

기생일지라도 늦은 나이에 한 지아비를 따르면
화류 생활로 보낸 일생이 장애가 되지 않고,
정숙한 부인일지라도 늦은 나이에 정절을 잃으면
반평생 지킨 절개가 모두 헛것이 된다.
옛말에 "사람을 볼 때 인생의 후반부만 본다."고 했
으니
이는 참으로 옳은 말이다.

聲妓晚景從良 一世之胭花無碍
성 기 만 경 종 량　 일 세 지 연 화 무 애

貞婦白頭失守 半生之淸苦俱非
정 부 백 두 실 수　 반 생 지 청 고 구 비

語云看人 只看後半截 眞名言也
어 운 간 인　 지 간 후 반 절　 진 명 언 야

한용운 채근담

비록 몸을 파는 기생일지라도 늦게나마 지아비를 만나서 지조를 지키고 살면 화류 생활은 아무런 문제가 되지 않습니다. 정숙한 부인일지라도 단 한 번의 실수로 정절을 잃으면, 절개와 품성은 한순간에 물거품이 됩니다. 사는 것도 이와 같아서 사람은 인격과 덕을 쌓는 것을 한시도 게을리하여서는 안 됩니다.

학자가 탐욕에만 집착하면 훌륭한 업적도 한순간에 물거품이 될 수가 있고, 비록 경력이 미천해도 열심히 노력한다면 언젠가는 성공할 수 있습니다. 그렇지 않고, 얄팍한 재주로만 살아가면. 일시적인 재물은 모으겠지만 결국엔 파멸로 가는 것이 인생입니다. 옛말에 '사람을 볼 때는 인생의 후반부만 본다'는 것도 이를 두고 한 말이니 참으로 명언입니다.

만족이 넘칠 때 조심하라

늙어서 드는 질병은 젊었을 때 모두 온 것들이며,
기울 때 받는 죄업은 융성할 때 모두 얻은 것이다.
그러므로 만족이 넘칠 때 군자는 더욱 조심해야 한다.

老來疾病 都是少時招得
노 래 질 병 도 시 소 시 초 득

衰時罪業 都是盛時作得
쇠 시 죄 업 도 시 성 시 작 득

故持盈履滿 君子尤兢兢焉
고 지 영 이 만 군 자 우 긍 긍 언

늙어서 병이 드는 것은 젊을 때 건강에 유의하지 않아서 스스로 불러온 것입니다. 그러므로 젊을 때는 건강을 위해 근심을 없애야 합니다. 근심은 만병의 근원입니다. 사업이 잘될 때 남에게 복을 베풀지 않고 악업을 쌓으면, 정작 힘들 때 그 업을 모두 받게 됩니다. 평소 가진자가 남을 위해 은혜를 베풀어야 하는 이유도 이 때문입니다. 그래서 군자는 만족이 넘치고 화평할 때, 자신을 잘 다스립니다.

처음과 끝이 똑같이 행동하라

작은 일일지라도 소홀히 다루지 않으며
어두운 곳에서도 기만하거나 은폐하지 않고
마지막까지 태만하지 않으면 진정한 영웅이다.

小處不滲漏 暗中不欺隱
소 처 불 삼 루 암 중 불 기 은

末路不怠荒 纔是眞正英雄
말 로 불 태 황 재 시 진 정 영 웅

비록, 하찮은 일일지라도 살얼음을 밟듯이 항상 신중하게 일을 처리해야 하고, 남이 있거나 없는 곳에서도 몸과 마음을 바르게 행동해야 합니다. 겉으로는 몸과 마음을 잘 다스리는 척하면서도 정작 홀로 있을 때는 음욕과 쾌락에 빠져 함부로 일탈을 일삼는 것은 남을 기만하는 행위임은 물론, 자신을 속이는 일입니다. 이것이야말로 자신을 죽이는 태만입니다. 영웅은 어둠 속에서나 홀로 있을 때도 스스로 부끄럽지 않아야 합니다. 아무리 뛰어난 사람일지라도 한순간의 잘못된 생각과 행동으로 인해 나락으로 떨어지는 것이 세상사입니다. 모름지기 영웅은 처음과 끝이 똑같아야 합니다.

남의 능력을 시기하지 말라

한쪽 말만 너무 믿어서 간사한 자에게 속지 말며
일을 스스로 맡았을 땐 임의대로 행하지 말라.
나의 장점을 타인의 단점을 파헤치는데 사용하지 말며
나의 능력이 모자란다고 하여
타인의 능력을 절대로 시기하지 말라.

毋偏信而爲奸所欺 毋自任而爲氣所使
무 편 신 이 위 간 소 기 무 자 임 이 위 기 소 사

毋以己之長而形人之短 毋以己之拙而忌人之能
무 이 기 지 장 이 형 인 지 단 무 이 기 지 졸 이 기 인 지 능

한용운 채근담

평상심을 잘 유지하는 사람은 남의 간사한 말에 속지 않는 것은 물론, 한쪽 말만 듣지도 않습니다. 또한 어떤 일을 맡았을 때는 신중하게 판단하고 타인의 의견을 잘 수렴합니다. 반대로 소신이 없고 자제력이 없는 사람은 한쪽 말만을 듣고 판단하는 성향이 많아 다툼이 일어나기 쉽습니다. 그리고 공을 쌓기 위해 남의 단점을 이용하는 것은 절대로 금물이며, 자신의 능력이 모자란다고 해서 남을 시기하는 것은 자기 발전에도 좋지 않습니다. 타인의 능력을 인정하고 배우려는 자세를 지녀야 나중에 성공할 수 있습니다.

남의 단점을 다른 이에게 말하지 말라

남이 단점이 있으면 반드시 알려 주어야 하되
그의 단점을 드러내어 세상에 알리면,
나의 단점으로 남의 단점을 공격하는 것이 된다.
만약 그가 단점을 모르고 있으면
교화해 고치게 해야 한다.
그렇지 않고 화를 내면서 심히 꾸짖는 것은
나의 우둔함으로 남의 우둔함을 구제하려는 것과 같다.

人之短處 要曲爲彌縫 如暴而揚之 是以短攻短
인 지 단 처 요 곡 위 미 봉 여 포 이 양 지 시 이 단 공 단
人有頑的 要善爲化誨 如忿而嫉之 是以頑濟頑
인 유 완 적 요 선 위 화 회 여 분 이 질 지 시 이 완 제 완

한용운 채근담

남의 단점을 알았을 땐, 그가 바른길을 제대로 걸어갈 수 있도록 친절하게 일러줘야 합니다. 그렇지 않고 그의 단점을 세상에 널리 알리는 건 오히려 역효과가 날 수 있고, 때론 큰 다툼으로 이어질 수도 있습니다. 이것은 나의 단점을 남들에게 드러낼 수 있고, 나중에 원한을 살 수도 있으므로 단점을 이야기할 때는 반드시 당사자에게만 일러주어야 합니다. 만약, 남이 단점을 잘 모르고 있으면, 마음이 상하지 않을 정도로 조언해 스스로 고칠 수 있도록 해야 합니다. 그렇지 않고 심하게 꾸짖거나 화를 내면, 나의 우둔함으로 남의 우둔함을 고치려고 하는 것과 다름없습니다.

화를 잘 내는 사람 앞에서는 침묵하라

침묵을 잘하는 사람 앞에서는
마음을 열어 보이지 말아야 하며,
화를 잘 내고 자만이 가득한
사람을 만날 때는 침묵해야 한다.

遇沈沈 不語之士 且幕輸心
우 침 침 불 어 지 사 차 막 수 심

見悻悻自好之人 應須防口
견 행 행 자 호 지 인 응 수 방 구

침묵을 잘하는 사람과 입이 무거운 사람은 전혀 다른 '성품'을 지니고 있습니다. 전자는 어떤 논제 앞에서도 침묵만 하고 자신의 의견을 좀처럼 피력하지 않는 유형입니다. 대개 이런 사람은 권모술수에 능하고, 그 속을 전혀 알 수 없기에 내 생각을 먼저 드러내는 건 경솔한 행동입니다. 후자는 신중한 유형으로 신뢰해도 좋습니다. 그리고 잘난 체를 하고 화를 잘 내는 사람은 자만심이 많아 참된 비밀이 없으므로 이런 사람 앞에서는 마음을 드러내는 말을 함부로 해서는 안 됩니다. 자칫 큰 낭패를 볼 수도 있습니다.

일할 때는 긴장을 풀어라

생각이 어둡고 산만할 때는 정신을 똑바로 차려야
하며
마음이 심히 조급할 때는 조급증을 풀어야 한다.
그러하지 않으면 어리석은 병을 고치더라도
우왕좌왕하며 더 큰 근심을 불러들일 것이다.

念頭昏散處 要知提醒 念頭喫緊時 要知放下
염 두 혼 산 처 요 지 제 성 염 두 끽 긴 시 요 지 방 하

不然 恐去昏昏之病 又來憧憧之擾矣
불 연 공 거 혼 혼 지 병 우 래 동 동 지 우 의

생각이 어둡고 산만할 때는 스스로 성찰하여 정신을 똑바로 차려야 합니다. 긴장이 앞서면 일을 잘못 처리할 수 있으므로 조급함을 버리도록 노력해야 합니다. 매사에 신중하되 마음의 여유를 가지고 일에 임하면, 안될 일도 술술 풀리게 됩니다. 이것을 두고 '자유자재한 마음'이라고 합니다.

공과功過를 잘 분별하라

공과를 혼동해서는 안 되며
혼동하게 되면 사람들의 마음이 나태해진다.
은혜와 원수는 너무 분명하게 가려서는 안 된다.
너무 가리게 되면 배반할 생각을 품게 된다.

功過不宜小混 混則人懷惰隳之心
공 과 불 의 소 혼   혼 즉 인 회 타 휴 지 심

恩仇不可太明 明則人起携貳之志
은 구 불 가 태 명   명 즉 인 기 휴 이 지 지

군자는 '공과功過'를 혼동해서는 절대로 안 됩니다. '공'을 세운 장수에게는 상을 하사하고 과가 있는 장수에게는 잘못을 반드시 꾸짖어야 합니다. 이것이 군자의 바른 도리입니다. 그렇다고 '과'가 있는 장수를 크게 꾸짖는 건 오히려 역효과가 있을 수 있기에 좋은 방책이 아닙니다. 그리고 '공과'를 가릴 때는 그 이유를 잘 설명해야 합니다. 만일, '공과'를 혼동하게 되면, 병사들의 마음이 나태해지는 것은 물론, 아예 공을 세우려 하지 않을 것입니다.

그리고 '은혜'와 '원한'을 지나치게 구별하는 건, 또 다른 '원한'을 불러올 수 있기에 좋은 생각이 아닙니다. 한나라의 고조가 천하를 얻은 뒤에 원수지간이었던 옹치를 제후에 임명하여 그를 따르는 장수와 신하들에게 두려움을 없애 주고 충성심을 이끈 방법도 이를 두고 한 말입니다.

악惡은 드러내고 선善은 숨겨라

악은 쉽게 숨겨지지 않으며
선은 쉽게 드러나지 않으며,
고로 악을 드러내면 화는 작아지게 되고
숨기면 화는 크고 깊어진다.
선을 드러내면 그 공은 작아지고
선을 숨기게 되면 공은 커진다.

惡忌陰 善忌陽
악 기 음 선 기 양

故惡之顯者禍淺 而陰者禍深
고 악 지 현 자 화 천 이 음 자 화 심

善之顯者功小 而隱者功大
선 지 현 자 공 소 이 은 자 공 대

악은 잘 숨겨지지 않고 선은 쉽게 드러나지 않는
게 세상의 이치입니다. 악이 드러나면 오히려 그 화는 작
아지지만, 숨기면 그 화는 점점 커져서 큰 화를 당하게 됩
니다. 그래서 법이 있습니다. 만일, 법의 심판이 없다면 악
은 제어할 수 없을 정도로 커지게 되어 심각한 사태를 초
래하게 됩니다. 그리고 선을 밖으로 드러내게 되면 공덕
은 작아집니다. 반대로 선을 숨기면, 공덕은 더욱 커지게
되어 더 큰 복덕을 누리게 됩니다.

덕을 쌓아라

덕은 재주의 주인이고 재주는 덕의 노비이다.
재주만 있고 덕이 없다면,
집안에 주인이 없는 것과 같고
노비가 집안일을 다 처리하니
노비가 도깨비처럼 미쳐 날뛰지 않겠는가.

德者才之主 才者德之奴
덕 자 재 지 주 재 자 덕 지 노

有才無德 如家無主奴用事矣
유 재 무 덕 여 가 무 주 노 용 사 의

幾何不魍魅猖狂
기 하 불 망 매 창 광

덕은 집안의 주인과 같고 재주는 노비에 지나지 않습니다. 사람이 재주만 있고 덕이 없다면, 재주는 아무런 쓸모가 없습니다. 그런데 재주를 좋은 것에 쓰지 않고 나쁜 곳에 쓴다면 화가 올 수 있습니다. 이것은 마치 주인 없는 곳에 노비가 도깨비처럼 날뛰는 것과 같습니다. 그러므로 재능이 많을수록 덕을 많이 쌓아야 합니다.

남 탓하지 마라

잘못을 스스로 탓하는 사람은 일마다 약과 침이 되고
잘못을 남에게 돌리는 사람은 생각마다 무기가 된다.
어떤 하나가 모든 선의 나갈 길을 열고
또 다른 하나가 모든 악의 물길을 틀게 되면
둘의 차이는 하늘과 땅이다.

處己者 觸事 皆成藥石 尤人者 動念 卽是戈矛
처 기 자 촉 사 개 성 약 석 우 인 자 동 념 즉 시 과 모

一以闢衆善之路 一以濬諸惡之源 相去霄壤矣
일 이 벽 중 선 지 로 일 이 준 제 악 지 원 상 거 소 양 의

잘못을 남 탓으로 돌려서는 안 됩니다. 이런 사람은 생각마다 무기가 되기에 성공할 수 없습니다. 반대로 잘못의 원인을 자기 탓으로 돌리는 사람은 좋은 쪽으로 나아가려고 노력하기에 실패도 약이 되고 침이 됩니다. 이것은 한쪽이 선을 위해 최선을 다하는 것과 같고, 다른 한쪽이 악을 쫓는 것과 같습니다. 이 둘의 출발은 똑같아도 나중에는 하늘과 땅 차이로 벌어지는 것이 세상의 이치입니다. 그러므로 잘못의 원인을 두고 자신 탓으로 돌리는 것과 남 탓으로 돌리는 것은 엄청난 결과로 이어진다는 것을 명심해야 합니다.

덕德은 사업의 바탕이다

덕은 모든 사업의 기초이며
기초가 튼튼하지 않으면 집도 견고하지 않듯이
마음을 닦는 것이 수행의 근본이다.
뿌리가 튼튼하지 않은 나무엔
가지와 잎이 자라지 않듯이
영예를 얻는 사람도 없다.

德者事業之基 未有基不固 而棟宇堅久者
덕 자 사 업 지 기 미 유 기 불 고 이 동 우 견 구 자

心者修行之根 未有根不植 而枝葉榮茂者
심 자 수 행 지 근 미 유 근 불 식 이 지 엽 영 무 자

'덕德'은 모든 사업의 기본이자 바탕입니다. '덕' 없는 사람이 사업을 하면 실패할 확률이 현저히 높아집니다. 설령, 초반엔 사업이 잘될지는 몰라도 결코 오래가지 못 합니다. 이것은 마치 기초를 튼튼하게 쌓지 않고 견고한 집을 지으려는 것과 같습니다. 또한 뿌리가 튼튼하지 못한 나무에는 가지와 잎이 잘 자라지 않듯이, '덕'이 없고, 얄팍한 재주만을 믿고 사업을 시작하면, 종극에는 망하는 것이 세상의 이치입니다. '덕'은 사람의 마음을 움직이게 합니다. 마음이 어질지 못하고 덕이 없으면 주변엔 도와줄 사람도 없습니다. 사업에 성공하려면 먼저 수행을 통해 덕부터 쌓아 둬야 합니다.

자신의 과오를 스스로 용서하지 말라

타인의 과오는 용서하는 것이 좋으나
자신의 과오는 스스로 용서해선 안 된다.
자신이 겪은 곤욕은 참아도 되지만
타인이 겪은 곤욕은 참으면 안 된다.

人之過誤宜恕 而在己則不可恕
인 지 과 오 의 서 이 재 기 즉 불 가 서

己之困辱宜忍 而在人則不可忍
기 지 곤 욕 의 인 이 재 인 즉 불 가 인

남의 '과오過誤'를 넓은 아량으로 용서해주는 것은 '덕'을 쌓는 일이지만, 자신이 저지른 과오는 스스로 용서하면 안 됩니다. 만약, 용서하면 반드시 또 다른 '과오'를 저지를 수 있습니다.

옛말에 "남의 '과오'에 대한 책망보다는 자신의 과오를 더 책망하고 뉘우치는 것이 바른 군자의 길"이라고 했습니다. 또한 자신의 굴욕은 참아도 친구와 이웃이 곤욕을 치르고 있으면 방관하지 말고 힘닿는 데까지 도와주는 것이 '군자의 도리'라고 했습니다. 당신은 어떤 유형의 사람입니까.

엄격함과 너그러움을 함께 가져라

은혜를 베풀 땐 처음에는 짜게 하고
나중에 넉넉하게 베풀어야 한다.
처음부터 은혜를 많이 베풀다가 나중에 적게 베풀면
사람들은 은혜를 빠르게 잊어버린다.
위엄도 처음부터 엄격하게 대하고
나중에 너그럽게 대해야 생긴다.
처음에 너그럽게 대하고 나중에 엄격하면
사람들로부터 가혹하다고 원망을 듣게 된다.

恩宜自淡而濃 先濃後淡者 人忘其惠
은 의 자 담 이 농　선 농 후 담 자　인 망 기 혜

威宜自嚴而寬 先寬後嚴者 人怨其酷
위 의 자 엄 이 관　선 관 후 엄 자　인 원 기 혹

남과 자식들에게 도움을 줄 때는 처음부터 많이 주는 것보다는 조금씩 베푸는 방법이 좋습니다. 그래야 그들이 은혜의 고마움을 잊지 않습니다. 그들이 성실하게 살고 있는데도 곤란에 처할 때 큰 도움을 줘도 늦지 않습니다.

사람을 대할 땐 처음엔 엄격하고 나중에 너그러워져야 하며 잘한 것은 칭찬을 아끼지 말고, 잘못에 대해서는 엄격해야 합니다. 위엄은 스스로 만드는 것입니다. 자식을 가르칠 때도 마찬가지입니다. 위엄은 엄격함과 너그러움 속에서 나오기 때문입니다.

오직 참을 내耐 자 만을 생각하라

옛말에 "산길을 오르려면 험한 길도 참고 걸어야 하고,
눈밭을 걸으려면 위험한 다리도 참고 걸어야 한다."
고 했다.
참을 내耐 한 글자에는 깊고 지극한 뜻이 있다.
인정이 험하고 박복한 세상을 살아가기 위해서는
참을 내 한 글자를 과거부터 마음 깊이 새기지 않으면,
가시덤불에 걸려서 넘어지고
모함에 빠지지 않을 사람이 얼마나 되겠는가.

語云 登山耐險路 踏雪耐危橋 一耐字極有意味
어 운 등산내험로 답설내위교 일 내자극유의미

如傾險之人情 坎坷之世道 若不得一耐字 撑持過去
여 경험지인정 감가지세도 약부득일내자 장지과거

幾何不墮入榛莽坑塹哉
기 하 불 타 입 진 망 갱 참 재

옛말에 "험한 산길도 참고 걸어야만 정상에 오를 수가 있고 위험한 다리를 건너려면 미끄러운 눈밭을 걷는 것처럼 인내해야 한다."라고 했습니다. 성공은 강한 '인내'와 '용기'를 필요로 합니다. 이것이 없으면 험난한 세상 속에서 결코 남들보다 잘 살 수 없습니다. 그러므로 참을 '내耐' 이 한 자 만을 오직 마음속에 새겨두면, 거친 가시덤불도 걸리지 않으며 또한 함정이나 모함에도 빠지지 않습니다. 인내는 미래를 위한 또 하나의 준비입니다.

마음속에 새겨두어야 할 두 가지의 말

공직자가 명심해야 할 것이 두 가지가 있다.
공정하면 현명한 판단력이 생기고
청렴하면 위엄이 생긴다.
가정에서 명심해야 할 것이 두 가지가 있다.
용서하면 감정이 사라져 평온해지고
검소하면 필요한 것이 채워진다.

居官有二語 曰惟公則生明 惟廉則生威
거 관 유 이 어   왈 유 공 즉 생 명   유 렴 즉 생 위

居家有二語 曰惟恕則平情 惟儉則足用
거 가 유 이 어   왈 유 서 즉 평 정   유 검 즉 족 용

공직자에겐 '공정성'과 '청렴성'이 생명입니다. 공직자가 사적인 감정에 매이지 않고 모든 일에 '공정'하면 현명해집니다. 그러나 일에 '공정'하지 못 하면 나중에 큰 곤욕을 치를 수도 있습니다. 또한 공직자가 '청렴'하지 않으면 위엄도 생기지 않습니다. 위엄은 '청렴'에서 나오기에 뇌물 등 화의 근원을 사전에 철저히 차단해야 합니다.

가장家長이 명심해야 할 두 가지가 있는데 바로 '용서'와 '검소'입니다. 가정은 사회의 한 축입니다. 자식이 잘못을 저지르면 단호하게 질책은 하되, 사랑으로서 용서해주는 것도 좋은 방법입니다. '가화만사성家和萬事成'이 되지 않으면, 밖에서도 성공할 수 없습니다. 그리고 검소한 삶은 만족감을 줍니다. 평소 검소한 생활을 실천한다면, 필요한 것들은 저절로 충족됩니다. 이 '용서'와 '검소' 두 가지의 말을 항상 마음속에 새겨두면 안과 밖이 평화로워집니다.

풍족할 때 검소하라

부와 명예를 누릴수록
가난과 천함의 고통을 생각해야 하며,
젊고 육신에 힘이 있을 때
늙었을 때의 괴로움을 생각해야 한다.

處富貴之地 要知貧賤的痛瘍
처 부 귀 지 지 요 지 빈 천 적 통 양

當少壯之時 須念衰老的辛酸
당 소 장 지 시 수 념 쇠 로 적 신 산

부귀영화를 누리고 있을 때 가난과 천함이 얼마나 고통스러운가를 먼저 알아야 합니다. 부귀영화를 가진 자가 빈천의 괴로움을 모르면, 오래가지 않습니다. 본디, 하늘에 떠 있는 구름처럼 수시로 변하는 것이 부귀영화이므로 스스로 잘 관리해야 합니다. 하늘의 새도 떨어뜨리는 권세를 가진 권력자들이 한순간에 나락으로 떨어지는 걸 역사 속에서 많이 보아왔습니다.

많이 가진 자가 없는 자에게 은혜를 베푸는 일은 다들 쉬운 일이라고 생각하기 쉽지만, 경계로 인해 실천하기가 무척 힘듭니다. 그래서 없는 자가 어려운 자에게 베푼 공덕은, 있는 자가 베푸는 공덕보다 훨씬 크다는 것입니다.

또한 혈기왕성한 젊은 시절에는 열심히 일하고 검소하게 살아야 늙을 때 안정된 생활을 누릴 수 있습니다. '젊을 때 고생은 사서 한다.'는 격언도 있지 않습니까? 인생은 한갓 구름에 지나지 않습니다. 젊음도 부귀영화도 영원하지 않다는 것을 항상 명심해야 합니다.

제2부

:

마음의 거울

깨끗한 거울과 잔잔한 호수가
사물을 있는 그대로 비추듯이
내 마음을 명경지수처럼 다스리면
행복과 사랑이 넘치지만,
내 마음을 흙탕물처럼 더럽히면
미움만 가득해진다.

탐욕은 처음부터 제거하라

탐욕이 일어나는 것을 초기에 제거하면
어린 잡초를 뽑는 것처럼 일이 매우 쉽게 이루어지고,
하늘의 이치를 깨닫게 되면 스스로 밝아져서
더러운 거울을 닦는 것처럼 새롭게 광채가 인다.

人欲從初起處翦除 便似新芻遽斬 其工夫極易
인 욕 종 초 기 처 전 제 편 사 신 추 거 참 기 공 부 극 이

天理自乍明時充拓 便如塵鏡復磨 其光彩更新
천 리 자 사 명 시 충 척 편 여 진 경 부 마 기 광 채 갱 신

무슨 일이든 사적인 욕심이 앞서게 되면 판단력이 흐려지고 '공심公心'에서 멀어져 자기도 모르게 어리석은 생각을 하게 됩니다. 그러나 어린 잡초처럼 마음속의 탐욕을 사전에 제거하면 그 어떤 곤란한 일도 순조롭게 진행됩니다. 욕심을 자제하지 않으면, 탐욕이 독버섯처럼 자라나서 뜻대로 일이 이루어지지 않고 때로는 큰 화를 당합니다. 그러므로 욕심을 없애는 일은 곧 '하늘의 이치'를 따르는 것임을 깨우치면 지혜가 스스로 밝아집니다. 이는 마치 더러운 거울이 본래 없고 본래 밝은 것임을 깨치는 것이므로 더러운 거울을 닦는 것처럼 광채가 나게 됩니다. 이것이 곧 '광명의 빛'입니다.

마음을 웅혼한 침묵에 두라

소란스러운 곳은 의지를 약하게 하고
고적한 곳은 마음을 메마르게 한다.
고로 학자는 항시 마음을 웅혼한 침묵 속에 두어
몸과 마음을 평안하게 해야 하며
안정되고 합리적인 곳에 뜻을 두어
자신의 원기를 잘 북돋워야 한다.

紛遇固溺志之場 而枯寂亦槁心之地
분 우 고 익 지 지 장 　 이 고 적 역 고 심 지 지

故學者當棲心元默 以寧吳眞體
고 학 자 당 서 심 원 묵 　 이 녕 오 진 체

亦當適志恬愉 以養吳圓機
역 당 적 지 염 유 　 이 양 오 원 기

사람이 세속의 '명리名利'와 '영화榮華'가 들끓는 소란스러운 곳에 몸을 두면 뜻을 제대로 펼칠 수가 없고 의지 또한 현저하게 약해질 수밖에 없습니다. 그렇다고 몸을 너무 고적한 곳에만 두면 번뇌에 휘둘리거나 마음이 쉽게 메말라지고 흔들릴 수 있습니다. 이렇듯 소란함과 고적함은 둘 다 정신 건강에 악영향을 줄 수 있습니다.

본디, 어리석은 중생의 마음은 '환경'과 '사물'에 집착합니다. 모름지기 깨우침을 구하는 수행자와 진리를 탐구하는 학자는 장소에 상관없이 항상 몸을 평온하게 유지하여 웅혼한 침묵 속에서 '참마음'을 갖추도록 힘써야 '원기圓機'를 얻어 마침내 '지혜'를 증득證得할 수 있습니다. 여기에서 '참마음'이란 중생의 눈으로 본 세상이 아닌 깨우침의 눈으로 본 '공사상空思想'을 의미합니다.

한가할 때 마음을 점검하라

급한 일은 한가할 때 미리 살펴
사전에 점검해 두면 실수가 줄어들며,
어떤 일을 시작할 때는
생각을 확고하게 붙잡고 있으면
저절로 나쁜 마음이 사라진다.

忙處事爲 常向閒中先檢點 過擧自稀
망 처 사 위 상 향 한 중 선 검 점 과 거 자 희

動時念想 預從靜裡密操持 非心自息
동 시 념 상 예 종 정 리 밀 조 지 비 심 자 식

원래 마음이란 자체는 실체가 없고, 고정되어 있지 않아서 수시로 변하므로 한가할 때 사전에 점검해 두면 급한 일도 처리하기가 쉽습니다. 이럴 때 가장 중요한 건 자신만의 확고한 신념입니다. 작은 파도에도 큰 배가 흔들리듯이 신념이 없으면 삿된 생각이 들끓게 되어 화가 찾아옵니다. 그러므로 평소 여유가 있을 때 항상 자신이 해야 할 일을 사전에 점검하는 습관을 지녀야 합니다. 마치 바다에 바람이 불면 파도가 치고, 바람이 사라지면 파도가 사라지는 것처럼 폭풍을 대비하는 어부의 지혜와도 같은 것입니다. 여기에서 바람과 파도는 '연기緣起'이고 바다는 '공空'입니다. '공'은 텅 빈 게 아니라, 항상 진리로 꽉 차 있습니다. 그러므로 마음을 진리인 '공'에 두고 확고하게 바른 생각을 붙잡고 있으면 무슨 일이든 다 성취할 수가 있습니다.

젊을 때 뜻을 세우라

한낮에 사람을 속이면
밤중에는 부끄러움에서 벗어나기 힘들며,
젊었을 때 뜻을 세우지 못하면
늙었을 때는 슬픔만 남게 된다.

白日欺人 難逃淸夜之愧赧
백 일 기 인　난 도 청 야 지 괴 란

紅顔失志 空貽皓首之悲傷
홍 안 실 지　공 이 호 수 지 비 상

일상日常은 낮과 밤으로 이뤄집니다. 낮에는 열심히 일하고, 밤은 휴식을 취하면서 하루를 점검하는 시간이기도 합니다. 그런데 한낮에 남을 속이는 등 옳지 못한 일을 저지르면, 기운이 맑아지는 청명한 밤에는 스스로 부끄러울 수밖에 없습니다. 또한 기력이 넘치는 젊은 시절, 뜻을 세워 열심히 일하지 않고 공부에 게으르면 백발이 성성한 노인이 되면 결국 절망과 슬픔만 남게 됩니다.

낮은 청춘이요 밤은 노인과 같습니다. 재물도 젊어서 모아야 늙어서 복덕을 누릴 수 있듯이 젊은 시절 뜻을 세워 열심히 공부해야 합니다. 그렇지 않으면 백발이 성성한 노인이 되면 결국 후회만 남게 되는 것이 인생입니다.

성정性情을 잘 다스려라

한쪽의 편협된 사사로운 성정을 변화시키는 것도
하나의 큰 학문이요,
가정에서 일어나는 불화를 없애는 것도
하나의 큰 경륜이다.

融得性情上偏私 便是一大學問
융 득 성 정 상 편 사　편 시 일 대 학 문

消得家庭內嫌隙 便是一大經綸
소 득 가 정 내 혐 극　편 시 일 대 경 륜

우리는 큰일을 앞두고 편협된 시각과 사사로운 감정으로 인해 올바른 판단을 내리지 못할 때가 종종 있습니다. 그럴 때 타고난 본성인 '성정性情'을 잘 다스리는 것도 하나의 큰 학문이라고 할 수 있습니다. 옳고 그름을 판단하는 지혜는 생활 속의 성찰에서 나오는데 이럴 때 가장 중요한 것이 바로 '깨우침'입니다. 누구든 '깨우침'을 가지도록 노력하면 모든 이들이 벗처럼 좋게 보이고 세상이 아름답게 보입니다. 그렇지 않고 나라는 존재를 항상 앞에 놓고 먼저 생각하면 불화가 일어날 수밖에 없습니다. 그러므로 남을 먼저 생각하는 마음으로 살면 불화가 나지 않고 하루하루가 화목해집니다. 이렇듯 큰 학문은 공부만 한다고 해서 이루어지는 게 아닙니다. 사람은 배울수록 겸손한 마음을 스스로 가져야 하며, 남을 사랑하는 마음이 클수록 학문도 깊어집니다.

이렇듯 큰 학문을 이루려면 '가화만사성家和萬事成'이 먼저 되어야 합니다. 가정에 불화가 있으면 큰일을 도모할 수 없습니다. 이것이 사람의 큰 경륜입니다.

잡념에 빠지지 마라

할 일이 없을 땐 잡념에 빠져 있지는 않은지 살피고
할 일이 있을 땐 경박한 생각에 빠져 있지는 않은지
살피며
뜻대로 일이 진행될 때는
교만한 언사와 얼굴빛이 있지는 않은지 살피고
뜻대로 일이 잘 진행되지 않을 때는
남을 원망하는 감정을 품고 있지는 않은지 살핀다.
때때로 나를 점검하여
많은 것은 적게 하고 불필요한 것은 없애라.
이것이야말로 진정한 학문이다.

無事 便思有閒雜念想否 有事 便思有麤浮意氣否
무사 편사유한잡념상부 유사 편사유추부의기부

得意 便思有驕矜辭色否 失意 便思有怨望情懷否
득의 편사유기긍사색부 실의 편사유원망정회부

時時檢點 至得從多入少 從有入無處 纔是學問的眞消息
시시검점 지득종다입소 종유입무처 재시학문적진소식

한용운 채근담

누구나 일이 없고 한가할 때는 쉽게 잡념에 빠질 수가 있습니다. 이럴수록 삿된 생각을 멀리하고 자기 성찰의 시간을 많이 가져야 합니다, 반대로 일이 많을 때는 경솔하게 일을 처리하고 있지는 않는지 잘 살피고, 자기 뜻대로 일이 이뤄질 때는 교만함을 버리고 항상 신중하게 일을 처리해야 합니다. 그렇지 않고 뜻대로 일이 되지 않는다고 해서 남을 원망하거나 불평불만을 쏟아내는 것은 정신 건강에도 좋지 않을 뿐만 아니라 오히려 더 나쁜 결과를 초래할 수도 있습니다. 왜냐하면 '있다, 없다, 좋다, 나쁘다'라는 분별심과 원망하는 감정은 어리석은 '중생의 마음'이기 때문입니다. 모든 일의 원인은 오직 나에게 있기에 사람 노릇을 제대로 하려면 수시로 나를 점검하여 불필요한 것은 빨리 버려야 합니다. 이렇듯 사람이 큰 뜻을 이루기 위해서는 수시로 나를 점검하여 삿된 생각과 교만에 빠져 있지는 않는지, 남을 원망하고 있지는 않는지 잘 살펴야 합니다.

백절불굴의 참마음을 갖고 있으라

선비가 백절불굴의 참마음을 가지면
만물이 수시로 만 가지로 변하듯이
끝없이 오묘한 작용을 한다.

士人有百折不回之眞心 纔有萬變不窮之妙用
사 인 유 백 절 불 회 지 지 심   재 유 만 변 불 궁 지 묘 용

한용운 채근담

강력한 힘을 지닌 외부의 사물이 자기에게 큰 고통을 던져주더라도 처음 정한 뜻을 끝까지 굽히지 않고 나아가는 신념을 가리켜 '백절불굴의 참마음'이라고 합니다. 또한 자기가 원하는 바를 성취하기 위해 만 가지의 다양한 방법으로 시도하되, 스스로 최선을 다하게 되면 '만변불궁'의 오묘한 이치가 작용합니다. 모름지기 선비는 뜻과 가는 길이 옳다고 생각되면 수없는 난관에 직면하더라도 추호도 굽히지 않는 '백절불굴'의 '참마음'을 지니고 있으면 '만변불궁'의 오묘한 작용으로 인해 그 어떤 힘든 일도 능히 해낼 수가 있습니다. 하지만 눈앞의 이해만을 쫓는 선비는 큰일을 도모할 수 없습니다. 그리고 '백절불굴의 참마음'은 천 가지, 만 가지의 경계가 오더라도 사라지지 않고 결단코 변하지 않는 '공사상' 같은 것입니다.

일의 이치를 스스로 깨우쳐라

남의 말을 듣고 일의 이치를 겨우 알게 된 사람은
미혹해 여전히 깨닫지 못한다.
스스로 깨달아서 확실히
아는 것보다 못하기 때문이다.
밖에서만 뜻과 재미를 얻는 사람은
얻은 후에도 여전히 얻지 못한 것이 있다.
스스로 얻어서 깨치는 것보다 못하기 때문이다.

事理因人言而悟者 有惡還有迷 總不如自惡之了了
사 리 인 인 언 이 오 자   유 오 환 유 미   총 불 여 자 오 지 요 료

意興從外境而得者 有得還有失 總不如自得之休休
의 흥 종 외 경 이 득 자   유 득 환 유 실   총 불 여 자 득 지 휴 휴

'사리'란 일상에서 직면하는 '일의 이치'나 '사물의 이치'를 가리킵니다. 그런데 '일의 이치'나 '사물의 이치'를 자신의 노력으로 깨닫지 못하고 남을 통해 알게 되면 오히려 미혹이 더 커질 수도 있다는 가르침입니다. 어떤 일을 시작할 때는 그 이치를 스스로 깨닫는 것이 무엇보다도 중요합니다. 남의 설명을 잘 듣더라도, 제대로 내가 실행할 수 없다면 아무런 소용이 없습니다.

또한 공부하고 있는 사람이 학문의 뜻과 재미를 외부를 통해 얻는 것은 옳지 못한 행동입니다. 왜냐하면, 학문은 스스로 깨쳐야만이 흥미로워지기 때문입니다. '깨우침'도 마찬가지입니다. 수행자의 관점에서 보면, 치열한 수행을 통해서 스스로 '깨우침'을 얻게 되면 기쁨도 크게 느끼게 될 것입니다. 타인으로부터 깨우침을 구하는 일은 잘못된 수행 방법입니다.

몸과 마음을 명경지수明鏡止水처럼 하라

몸과 마음을 항상 명경지수처럼 밝게 유지하면
천하의 혐오스러운 것들도 저절로 사라지게 되며,
의지와 기운이 화평하여 마치 좋은 날씨처럼 되면
천하에 미운 사람들도 저절로 사라진다.

心體澄徹 常在明鏡止水中 則天下自無可厭之事
심 체 징 철　상재명경지수지중　즉 천 하 자 무 가 염 지 사

意氣和平 常在麗日光風之內 則天下自無可惡之人
의 기 화 평　상재여일광풍지내　즉 천 하 무 가 오 지 인

티끌 하나 묻어 있지 않은 거울과 잔잔한 호수가 사물을 있는 그대로 비추듯이 몸과 마음을 항상 '명경지수'처럼 유지하면, 혐오할 일은 세상에 하나도 없게 됩니다. 반대로, 몸과 마음을 더러운 거울이나 흙탕물처럼 더럽히면 혐오할 일만 이 세상에 가득하게 됩니다.

의지와 기운이 충만한 사람은 맑은 날씨처럼 마음이 항상 평온하여 언제나 좋은 사람들이 곁에 많이 머물지만, 의지와 기운이 약한 사람은 미운 사람들만 들끓게 됩니다.

왜 그럴까요. 몸과 마음은 '공空'의 본래 모습이기 때문입니다. 그러므로 내 몸과 마음을 항상 맑고 깨끗하게 유지하면 날마다 좋은 일로 가득하나, 그렇지 못하고 흙탕물에 몸과 마음을 더럽히면 나쁜 일만 생긴다는 사실을 잊어서는 안 됩니다. 좋고 나쁜 기운은 오직 자신이 만든다는 사실을 명심해야 합니다.

타인을 진실하게 대하라

남이 내 앞에서 나를 칭찬하는 것은
보이지 않는 곳에서 나를 헐뜯는 것만 못하며,
남과 사귀고 싶어 일시적인 환심을 사고자 하는 것은
마치 오래 사귀다가 싫어서 헤어지는 것만 못하다.

使人有面前之譽 不若使其無背後之毁
사 인 유 면 전 지 예   불 약 사 기 무 배 후 지 훼

使人有乍交之歡 不若使其無久處之厭
사 인 유 사 교 지 환   불 약 사 기 무 구 처 지 염

한용운 채근담

남이 현장에서 나를 칭찬하는 건 좋지 않으며, 이것은 내가 없는 자리에서 차라리 나를 헐뜯는 것보다도 못합니다. 이런 사람은 진실하지 못하고 말을 자주 바꾸기 때문에 경계하지 않으면 결국엔 마음의 상처를 입기 쉽습니다. 공경은 보이지 않는 데서 일어납니다.

또한 벗을 사귈 때는 진실한 마음을 가지고 천천히 다가가야 합니다. 환심을 사기 위해 일시적으로 듣기 좋은 말만 하는 건 오래 사귀다가 싫어서 헤어지는 것만도 못합니다. 진실로 사람이 좋으면 그 사람이 없는 곳에서 남에게 칭찬하는 것이 좋고, 사람의 행실이 나쁘면 되도록 멀리하는 것이 나에게 좋습니다. 사람의 근본은 한순간에 변하지 않습니다. 사람을 대할 때는 항상 사적인 마음을 버리고 공적인 마음으로 대하면 마음이 편안해져 미워할 것도 혐오할 것도 생기지 않습니다.

분별심을 버려라

좋고 싫은 감정이 너무 뚜렷하면
사람과의 관계가 멀어지기 쉽고,
현명함과 어리석음을 분별하는 마음이 너무 뚜렷하면
사람들과 오래 친해질 수 없다.
군자는 안으로는 엄격하고 분명해야 하나
밖으로는 항상 넉넉하고 원만해야 한다.
그렇게 하면 좋고 추한 것이 균형을 이루어
현명한 사람과 어리석은 사람이 함께 이익을 얻게 된다.
이것이 바로 만물을 탄생시키고 자라게 하는
성장의 덕성이 되는 것이다.

好醜心太明 則物不契 賢愚心太明 則人不親
호 추 심 태 명　즉 물 불 계　현 우 심 태 명　즉 인 불 친

士君子須是內精明而外渾厚 使好醜兩得其平
사 군 자 수 시 내 정 명 이 외 혼 후　사 호 추 양 득 기 평

賢愚共受其益 纔是生成的德量
현 우 공 수 기 익　재 시 생 성 적 덕 량

남에게 좋고 싫은 감정을 너무 밖으로 드러내거나, 현명함과 우둔함을 너무 분별하면, 남과 관계를 오래 유지할 수 없습니다. 대개 이런 유형의 사람들은 신의信義가 없고 변덕이 심해 되도록 가까이하지 않는 것이 좋습니다.

또한 군자는 마땅히 안으로는 자신에게 엄격해야 하며, '좋은 것과 나쁜 것, 현명함과 어리석음'을 잘 분간하되 밖으로는 너그럽고 원만하게 사람을 대해야 합니다. 그렇게 하면 '좋은 것과 나쁜 것, 아름다운 것과 추한 것'이 균형을 이루어 모든 사람이 다 함께 이익을 누리게 됩니다. 이것이 만물을 성장시키는 원동력인 '덕성'이 되며 '자리이타自利利他'입니다. 본디 나라는 존재는 어진 '본성本性'을 지니고 있으므로 잘 계발해야 합니다.

욕심은 버리고 순리에 순응하라

자기 욕망은 반드시 억제해야 하며
참을 '인忍' 한 자에 길이 있다.
남의 욕망이라고 해서 함부로 다루어서도 아니 되며
반드시 순리를 따르도록 일러줘야 한다.
용서할 '서恕' 한 자에 길이 있다.
요즘은 자신의 욕망은 용서로써 해결하려고 하고
남의 욕망은 인忍으로써 억제하려고 드니,
어찌 옳은 일이라고 할 수 있겠는가.

己之情欲不可縱 當用逆之之法 以制之 其道只在一忍字
기 지 정 욕 불 가 종 당 용 역 지 지 법 이 제 지 기 도 지 재 일 인 자

人之情欲不可拂 當用順之之法 以調之 其道只在一恕字
인 지 정 욕 불 가 불 당 용 순 지 지 법 이 조 지 기 도 지 재 일 서 자

今人皆恕以適己 而忍以制人毋乃不可乎
금 인 개 서 이 적 기 이 인 이 제 인 무 내 불 가 호

한용운 채근담

요즘 사람들은 자기 욕망은 정당하게 생각하면서도 타인의 욕망에 대해선 함부로 생각하는 경향이 많습니다. 욕망은 누구에게나 있습니다. 과한 욕망은 반드시 나쁜 일이 뒤따르기에 참을 '인忍'자를 항상 생각하고 순리에 따라야 합니다. 그렇다고 타인의 욕망을 무시하거나 조롱하는 건 옳지 못한 행동입니다.

옛말에 '욕심이 없으면 근심도 생기지 않는다'라고 했습니다. 그렇다고 무조건 욕망을 억제하라고 강요하는 건 더 옳지 않은 방법입니다. 자기는 욕망을 억제하지 못하면서 타인에게 욕망을 참으라고 강요하는 건 어불성설입니다. 용서도 주변 상황에 따라서 해야 합니다. 무조건 용서하는 것도 옳은 방법이 아닙니다.

참된 용기란

시비하기를 좋아하는 건 현명하지 않다.
시비를 가리지 않는 것도 현명함이다.
이기는 것만이 용기가 아니다.
이기는 것도 질 줄 아는 것도 용기이다.

好察非明 能察能不察之謂明
호 찰 비 명　능 찰 능 불 찰 지 위 명

必勝非勇 能勝能不勝之謂勇
필 승 비 용　능 승 능 불 승 지 위 용

세상을 살다 보면, 아주 작은 일로 시비가 붙을 때가 있습니다. 참으로 어리석은 행동입니다. 물러날 때와 나아갈 때를 잘 판단하는 것도 하나의 지혜입니다. 물론, 자신에게 큰 손해가 있었다면, 마땅히 옳고 그름을 가려야 하겠지만, 무리하게 가리려다가 더 큰 것을 잃을 수가 있으므로 한발 뒤로 물러나는 것도 지혜입니다. 남을 이겨본들, 무슨 덕을 얻겠습니까? 무조건 이기는 것만이 용기가 아니라, 물러날 때와 나아갈 때를 잘 판단하는 것도 참된 용기입니다. '명리名利'는 지혜를 가진 사람만이 얻습니다. 그런 사람은 불의 앞에서도 흔들리지 않는 '자재심自在心'을 가지고 있습니다. 이것이 자신을 바로 아는 것이며 '공사상'의 시작입니다.

사람을 신중하게 사귀라

사람을 사귈 때는 나중에 멀어지는 것보다
처음 만날 때 쉽게 친하지 않은 것이 오히려 낫다.
어떤 일을 시작할 때도 나중에 힘들어지기보다는
서툴더라도 오히려 처음부터 신중한 것이 더 낫다.

與人者 與其易疎於終 不若難親於始
여 인 자 여 기 이 소 어 종   불 약 난 친 어 시

御事者 與其巧持於後 不若拙守於前
어 사 자 여 기 교 지 어 후   불 약 졸 수 어 전

한용운 채근담

처음 만난 사람을 친구로 사귈 때는 매사에 신중해야 합니다. 무턱대고 사귀다 보면, 헤어지기 쉽습니다. 관계가 다소 어색하더라도 신중하게 사귀는 것이 나중을 위해 더 좋습니다. 사람을 천천히 사귀다 보면, 상대의 의중과 장단점을 파악할 수 있게 되고 좋은 친구가 될 것인지, 나쁜 친구가 될 것인지 확실히 알 수 있게 됩니다. 이것이 바로 자기 '안목眼目'입니다. 그렇지 않고 일시적인 기분으로 친구를 사귀면 안 만난 것만도 못한 관계가 됨은 물론, 그로 인해 마음에 큰 상처를 입을 수도 있습니다. 일도 마찬가지입니다. 처음부터 신중하게 일을 처리하면 나중이 쉽습니다. '시작이 반'이라는 말은 이를 두고 한 격언입니다.

헛된 욕망을 가지지 말라

부귀영화가 헛되이 사라지는 길을

직접 따라가서 그 끝을 바라보면,

탐욕이 자연스럽게 가벼워진다.

가난과 재난이 어디서부터 일어나는지

직접 따라가서 그 유래를 살펴보면,

원망하는 마음이 자연스럽게 사라진다.

功名富貴 直從減處 觀究竟 則貪戀自輕
공 명 부 귀 직 종 멸 처 관 구 경 즉 탐 련 자 경

橫逆困窮 直從起處 究由來 則怨尤自息
횡 역 곤 궁 직 종 기 처 구 유 래 즉 원 우 자 식

한용운 채근담

요즘 우리는 욕망의 종말을 종종 목격합니다. 그것을 보고 당신은 어떤 것을 느꼈나요? 우리는 중요한 사실 하나를 깨달아야 합니다. 자기가 보기엔 남들이 욕망이 가득한 것처럼 보이지만, 사실은 그렇지 않다는 것입니다. 왜냐하면, 욕망이란 말은 자기에게만 적용되는 것이기에, 이를 온전히 이해하려면 많은 시간이 필요합니다. 하지만 탐욕의 무상함을 깨닫게 되면 남의 욕망은 인정하되. 자기 욕망을 잘 다스리면 마음이 가벼워진다는 것을 알게 됩니다.

가난과 재난의 유래를 잘 살펴보면 반드시 그 원인을 알 수 있습니다. 이를 깨닫게 되면 하늘은 물론 남을 원망하는 마음도 점차 사라지게 되고 생활이 윤택해집니다. 지금부터라도 몸과 마음을 욕망으로부터 가볍게 하세요.

세상사에 초연하라

세상사를 온 힘으로 감당할 때가 있고
때론 세상사에서 벗어나 초연할 줄도 알아야 한다.
일을 감당하지 못하면 사업도 안 될 것이며,
일에서 벗어날 줄 모르면 넉넉한 마음도 갖지 못한다.

宇宙內事 要力擔當
우 주 내 사   요 력 담 당

又要善擺脫
우 요 선 파 탈

不擔當 則無經世之事業
불 감 당   즉 무 경 세 지 사 업

不擺脫 則無出世之襟期
불 파 탈   즉 무 출 세 지 금 기

하루도 쉴새 없이 급변하는 세상 속에서 뜻한 바를 제대로 펼치려면 마음의 휴식이 때론 필요합니다. 한번쯤 세속의 모든 일들을 내려놓고 초연해보세요. 일과 휴식은 상호보완 관계에 있습니다. 정작 휴식이 필요할 때 몸을 혹사하면 더 나쁜 결과를 초래할 수 있습니다. 적당한 휴식은 큰일을 하기 위한 충전입니다. 오죽하면, 불교에서는 세상사를 초월하면 '삼독三毒' 즉, '탐욕, 성냄, 어리석음'이 사라진다고 할까요.

일찍이 훌륭한 사람들은 주어진 일엔 최선을 다하고서도 세상사에 초연합니다. 사람이 일만 하고는 살 수 없습니다. 일에 집중할 때도 있지만, 때론 마음을 안정시키는 사색의 시간을 가져야만 실패하더라도 그것을 거울삼아 전화위복의 계기로 만들 수 있습니다. 사람은 실패의 아픔을 통해 더욱 성장하기 때문입니다. 한번쯤 세상사에 초연해보세요. 보이지 않던 것들이 눈에 보이기 시작합니다.

원망을 사지 말라

세속의 사람들에게
은혜를 베풀어서 감동케 하면 그 길이
원망을 사지 않는 길이며,
남이 어려움에 직면했을 때
그 피해를 없애 주면
즉시 이익을 얻는 기회가 된다.

處世 而欲人感恩 便爲斂怨之道
처 세 이 욕 인 감 은 편 위 염 원 지 도

遇事 而爲人除害 卽是導利之機
우 사 이 위 인 제 해 즉 시 도 리 지 기

한용운 채근담

남이 어려움을 당할 때, 물질로써 도움을 주는 건 분명 좋은 일이지만, 좋은 생각은 아닙니다. 남을 돕는 행위는 자칫하면 '도와주고 뺨 맞는 격'이 될 수도 있기에 불교에서는 '선업善業'일지라도 '업보業報'를 만들 수 있으므로 남을 도울 때도 사리 깊게 해야 한다고 했습니다. 더구나 칭찬이나 보답받기 위해 남을 돕는 것은 절대로 금해야 합니다.

남이 아픔을 겪거나 힘든 일을 겪고 있을 때 도움을 주는 건 남을 위해서가 아니라 바로 나를 위해서입니다. 그런데 요즘 사람들은 조그만 은혜를 베풀거나 작은 도움을 주고서 생색을 크게 내니, 어찌 옳은 일이라 할 수 있겠습니까. 오른손이 한 일을 왼손이 모르게 하라는 것이 진정한 '무주상보시'입니다. 이것이야말로 복을 얻는 기회가 됩니다. 이웃을 내 몸처럼 사랑하세요.

마음을 여유롭게 유지하라

사람을 사랑과 예의를 갖추고
여유로운 마음으로 대하면
인심은 내게서 항상 떠나지 않으며,
일할 때 여유로운 마음으로
지혜와 능력을 발휘하면
예기치 못한 화를 사전에 방지할 수 있다.

待人 而留有餘不盡之恩禮
대 인 이 류 유 여 부 진 지 은 례

則可以維繫無厭之人心
즉 가 이 유 계 무 염 지 인 심

御事 而留有餘不盡之才智
어 사 이 류 유 여 부 진 지 재 지

則可以隄防不測之事變
즉 가 이 제 방 불 측 지 사 변

사랑과 예의를 갖추고 항상 넉넉한 마음으로 사람을 대하면, 세상인심이 나를 떠나가지 않습니다. 그러나 사람을 무례하게 대하면 세상인심도 떠나갑니다. 본디 사랑과 예절은 어진 성품에서 흘러나옵니다. 사람이 자신의 허물을 제대로 보지 못하는 건, 여유가 없기 때문이며 세상인심이 나를 떠나는 건 부도덕한 행실 때문이지 남의 잘못이 아닙니다. 세상의 모든 '영욕'과 '오욕'은 나로부터 생겨나는 것이므로, 사람을 대할 때는 진심으로 대해야 합니다.

일도 마찬가지입니다. 신중하되 여유롭게 일하면, 지혜를 바탕으로 능력을 최대한 발휘할 수 있고, 설령 예기치 못한 일이 발생하더라도 사전에 방지할 수 있습니다. 그러나 마음이 안정되어 있지 못하거나 들뜨면 매우 쉬운 일도 그르치게 됩니다. 또한 자신의 영화만 생각하는 것은 '중생의 마음'입니다. 이런 사람은 욕망이 강해 큰일을 해낼 수 없습니다. 큰일을 하려면 넉넉하고 여유롭고 어진 성품을 가지도록 노력해야 합니다. 이것이야말로 '공사상'의 출발입니다.

불의를 보고 용서하지 말라

남과 잘 어울리지 못하는 사람은
뜻을 합치기도 힘들고 갈라서기도 힘들다.
남과 잘 어울리는 사람은
잘 친해지지만 쉽게 헤어진다.
그러므로 지혜로운 사람은
자신의 고집으로 인해 따돌림을 받을지언정,
아부를 함부로 해서는 안 되며
잘못을 용서해서도 안 된다.

落落者難合 亦難分 欣欣者易親 亦易散
낙 락 자 난 합 역 난 분 흔 흔 자 이 친 역 이 산

是以君子 寧以剛方見憚 毋以媚悅取容
시 이 군 자 영 이 강 방 견 탄 무 이 미 열 취 용

성품과 행동이 곧고 자신에게 엄격한 이를 가리켜 '낙락落落'한 사람이라고 합니다. 이런 이는 남에게 잘 보이기 위해 아부하지 않으며 신의를 잘 지킵니다. 고집이 있어 남과 잘 어울리지 못하지만, 한번 인연을 맺고 나면 쉽게 헤어지지도 않습니다. 반대로 남과 쉽게 어울리는 사람은 친해지기도 쉽지만 잘 헤어집니다. 사소한 것에도 버럭 화를 잘 내고 표정의 변화도 심합니다. 이런 사람을 친구로 삼는 것은 매우 위험한 일입니다.

그러나 '낙락한' 사람은 비록, 남들로부터 따돌림을 받아도 아첨하지 않으며, 잘못을 보면 쉽게 용서하지 않으며 '공사公私'가 명확합니다. 그런데 요즘 사회는 어떻습니까. 이기주의가 만연해 '낙락한' 성품을 가진 사람을 만나기가 참으로 힘듭니다. 왜 그럴까요. 불의를 보고도 모두가 자신의 이익만을 생각하는 '중생의 마음'으로 살고 있기 때문입니다. 남을 먼저 생각하는 마음은 곧 '공사상'의 발로입니다. 혹시 당신은 '중생의 마음'으로 살고 있지는 않으신지요.

마음부터 먼저 항복시켜라

마귀를 항복시키려면
자신의 마음부터 먼저 항복시켜야 한다.
자신의 마음을 항복시키면
모든 마귀는 저절로 물러난다.
세상을 폭력으로 다스리려는 사람은
자신의 기氣부터 먼저 다스려야 한다.
자신의 기가 평화로우면
외부의 폭력도 침입하지 못한다.

降魔者 先降其心 心伏 則群魔退聽
강 마 자 선 항 기 심 심 복 즉 군 마 퇴 청

馭橫者 先馭此氣 氣平 則外橫不侵
어 횡 자 선 어 차 기 기 평 즉 외 횡 불 침

마귀는 따로 있는 게 아니라 자신의 마음속에 들어앉아 있습니다. 여기에서 마귀란, 탐진치貪瞋痴 삼독심三毒心을 가리키는데 바로 '탐욕, 성냄, 어리석음'입니다. 삼독을 잘 다스리지 못하면, 마음이 불안정해 올곧지 못한 곳에 치우쳐 쓸데없는 헛된 망상을 일으키게 됩니다. 이런 사람은 매사에 의심이 많고 남을 믿지 못하고 심지어 자신조차 믿지 못합니다. 마귀는 누가 만든 것이 아니라 자신이 만든 것입니다.

사람을 사귀거나 대할 때도 마찬가지입니다. 남을 마귀라고 생각한다면 남도 나를 마귀라고 생각할 수밖에 없습니다. 외부에서 들어오는 마귀를 항복시키려면 먼저 자기 마음부터 항복시켜야 합니다. 그리고 어떠한 일이 있더라도 폭력을 사용해서는 안 됩니다. 남이 휘두르는 폭력은 자신의 경솔함이 원인일 때도 있습니다. 행복하게 세상을 살려면 겸손과 인내가 필요합니다. 대개 폭력의 원인은 삼독심이기에 자신의 마음을 먼저 항복시킨다면 외부로부터의 폭력도 일어나지 않습니다.

제3부

:

만물의 이치

해는 아침에 떠올라서 대지를 비추고
달은 저녁에 떠올라 세상을 밝게 한다.
만약, 해와 달의 고마움을 알면
공사상空思想의 이치를 깨달은 것이나 다름없다.

일은 서두르지 말고 침착하게 처리하라

어떤 어려운 일도 신중하고 진지하게 대하면
실타래처럼 엉킨 일도
종극에는 저절로 풀리게 된다.
사람을 대할 때 티끌조차도 속이지 않고
숨김없이 마음을 다 드러내 보이면
산귀신처럼 교묘한 사람일지라도
내 앞에선 저절로 성실하고 진지해진다.

遇事 只一味鎭定從容 縱紛若亂絲 終當就緒
우사 지일미진정종용 종분약란사 종당취서

待人 無半毫矯僞欺隱 雖狡如山鬼 亦自獻誠
대인 무반호교위기은 수교여산귀 역자헌성

곤란하고 어려운 일을 겪고 있을 때 서두르지 않고 순서에 따라 침착하게 처리하면 실타래처럼 얽힌 복잡한 일들도 자연스럽게 해결됩니다. 또한 진실한 마음으로 항상 사람을 대하면 아무리 인성이 좋지 않은 사람이나 심지어 산귀신처럼 교묘한 사기꾼도 동화되어 자기 앞에선 진실해집니다. 그렇기에 모든 문제는 남에게 있는 게 아니라 바로 자신에게 있다는 생각을 갖도록 노력해야 합니다. 남의 마음을 움직이게 하는 건 결코 쉬운 일이 아닙니다. 하물며 남의 마음을 감동케 하는 것이 얼마나 어려울까요. 그러려면 먼저 내가 진실하게 남을 대해야 합니다. 여기에 모든 인생의 해답이 들어 있습니다.

덕을 베풀어라

은혜를 베푸는 건 덕을 주는 것만 못하고,
화난 마음으로 설욕하는 것은
부끄러움을 참아내는 고결한 뜻이 아니다.
명예를 얻으려고 애쓰는 것은
명성을 멀리하여 유유자적한 것만 못하고,
감정을 억누르는 것은 곧은 진심보다 못하다.

市恩 不如報德之爲厚　雪忿 不如忍恥之爲高
시 은　불 여 보 덕 지 위 후　설 분　불 여 인 치 지 위 고

要譽 不如逃名之爲適　矯情 不如直節之爲眞
요 예　불 여 도 명 지 위 적　교 정　불 여 직 절 지 위 진

누군가에게 일시적인 은혜를 베푸는 것은 큰 덕을 나중에 베푸는 것만도 못합니다. 사람 사이에 정이 깊어지려면 일시적인 도움보다는 오랜 시간에 걸쳐 덕을 베풀어야 합니다. 또한 남에게 분함을 참지 못해 버럭 화를 내는 건 부끄러움을 스스로 참아내는 것보다 못하며 경솔한 행동은 오히려 남에게 공격의 빌미를 제공해주는 결과가 되기에 설령, 화가 나더라도 한발 물러나서 시간적 여유를 가지고 옳고 그름을 판단하는 것이 현명합니다. 또한 사람이 명예에 집착하는 건 화를 불러들이는 원인이 되며 유유자적하게 지내는 것만 못합니다. 명예는 얻으려고 해서 얻어지는 것이 아니라 덕을 베푸는 과정에서 얻어집니다. 그렇지 않고 명예에만 집착하면 더 큰 마음의 상처를 입을 수 있습니다. 또한 감정을 억눌러서 남에게 잘 보이려는 행동도 좋지 않습니다. 누군가에게 '베풀다, 주다, 있다, 없다, 생각하다'는 모두 중생의 마음에 지나지 않습니다.

노 젓는 것을 멈추지 마라

실패한 일을 다시 되돌리려는 사람은
벼랑 끝으로 간 말을 타는 것과 같으므로
채찍을 함부로 사용해서는 안 되며,
성공을 직전에 앞둔 사람은
급한 여울을 거슬러 올라가는 배를 타듯
노 젓는 것을 한시도 멈추어서는 안 된다.

救旣敗之事者　如御臨崖之馬　休輕策一鞭
구 기 패 지 사 자　여 어 임 애 지 마　휴 경 책 일 편

圖垂成之功者　如挽上灘之舟　莫少停一棹
두 수 성 지 공 자　여 만 상 탄 지 주　막 소 정 일 도

실패한 일을 잊지 못하고 집착하거나 과거로 되돌리려고 하는 것은 천길 벼랑 끝에 다가선 말을 타고 오히려 채찍을 휘두르는 것이나 다름이 없습니다. 실패보다 더 무서운 건 '자포자기'입니다. 잊을 건 빨리 잊어버리고 새롭게 시작하는 것이 더 좋습니다. 진중한 마음으로 실패의 원인을 철저히 분석하여 성공의 지름길로 가는 계기로 만들어야 합니다.

반대로 성공을 눈앞에 둔 사람은 역류하는 여울을 거슬러 올라가는 배처럼 한시도 노 젓는 걸 멈추지 말아야 합니다. 한순간의 방심으로 배가 떠내려갈 수 있기 때문이지요. 이렇듯 성공과 실패는 자신에게 달려 있지만, 그렇다고 성공과 실패에 대해 너무 집착하는 것도 '중생의 마음'에 지나지 않습니다. 성공은 열심히 일한 대가로 오는 열매와도 같기에 오직 성공만을 위해 일하는 건 결코 옳은 생각이 아닙니다.

진솔한 마음을 가져라

사람이 진솔한 성품을 한결같이 지니고 있으면
행적을 아무리 숨겨도 다 드러나게 되며,
깨끗한 마음을 티끌이라도 지니고 있지 못하면
일에 있어 공심보다 사심이 들어가게 된다.

作人 只是一味率眞 蹤跡雖隱還顯
작 인 지 시 일 미 솔 진 종 적 수 은 환 현

存心 若有半毫未淨 事爲雖公亦私
존 심 약 유 반 호 미 정 사 위 수 공 역 사

한용운 채근담

진솔한 인품을 가진 사람은 세간에 그 이름이 널리 알려져 자신이 원하지 않아도 그 행적이 다 드러나게 되어 있습니다. 개인의 인품을 결정하는 것은 인자함도 중요하지만, '사심私心'이 아닌 '공심公心'입니다. 큰일을 도모하고자 하는 사람이 티끌이라도 '사심'이 묻어 있다면 아무리 공정하게 일을 처리하려고 해도 올바르게 처리하지 못 합니다. 인품은 그냥 이루어지는 게 아니라 자기 수양을 통해 꾸준히 증득되는 것이므로, 큰일을 할 사람은 먼저 '공사상'을 통해 '깨우침'을 얻어야 합니다.

시류를 따르지 말라

올바른 인격을 형성하기 위해서는
때론, 세속을 벗어날 필요성도 있으나
세속을 바르게 잡으려고 나서는 것은 더욱 안 된다.
일할 때 시류에 따라갈 필요성도 있으나
생각 없이 함부로 추종해서는 더욱 안 된다.

作人 要脫俗 不可存一矯俗之心
작 인 요 탈 속 불 가 존 일 교 속 지 심

應事 要隨時 不可起一趨時之念
응 사 요 수 시 불 가 기 일 추 시 지 념

사람의 '품격'이 곧 '인격'입니다. 때로는 세상을 벗어나 시류에 얽매이지 않는 시간을 가지면 '인격' 형성에 매우 좋습니다. 이것은 진흙 속의 연꽃처럼 세속의 더러움에 물들지 않기 위해서입니다. 세상일이 뜻대로 움직이지 않는다고 해서 자신이 함부로 세상을 바로 세우려는 생각을 가지는 건 더욱 위험한 발상입니다. 자칫하면 더 큰 마음의 상처를 입을 수도 있기에 차라리 순리에 맡기는 게 더 현명할 수도 있습니다.

또한 큰일을 할 때는 시류에 맞게 하는 것도 좋지만, 무조건 시류를 따라가는 건 더욱 위험한 발상입니다. 오히려 시류에 휩쓸려 자기 능력을 제대로 발휘하지 못하는 결과를 낳을 수도 있고, 때로는 큰 실패를 경험할 수도 있습니다. 중요한 것은 사전에 생각을 정리해 두는 습관을 항상 지니고 있어야 한다는 것입니다.

과감함과 신중함을 함께 가져라

젊은이의 의욕을 염려할 것이 아니라,
넘치는 의욕으로 인한 허점을 염려해야 하고
바삐 서두르는 마음을 자제시켜야 한다.
노인의 신중함을 염려할 것이 아니라
너무 신중해서 소극적인 것을 염려해야 하고
나태하고 게으른 기질을 버리도록 해야 한다.

少年的人 不患其不奮迅
소 년 적 인   불 환 기 불 분 신

常患以奮迅而成鹵莽
상 환 이 분 신 이 성 로 망

故當抑其躁心
고 당 억 기 조 심

老成的人 不患其不持重
노 성 적 인   불 환 기 부 지 중

常患而持重而成退縮
상 환 이 지 중 이 성 퇴 축

故當振其惰氣
고 당 진 기 타 기

젊은이들은 항상 의욕이 넘칩니다. 그러나 의욕이 충만한 건 좋은 일이지만, 그로 인해 일을 잘못 처리하거나 불필요한 허점이 발생하기도 합니다. 그럴 때는 과감한 도전정신을 가지되 신중함도 아울러 갖추는 것이 좋습니다.

반대로 원기가 쇠퇴한 노인들은 젊은이와 달리 신중함이 지나쳐서 오히려 위축되기 쉽습니다. 물론, 이러한 신중함은 삶의 경륜에서 나오지만, 소극적인 태도로 인해 오히려 자신을 나태에 빠뜨릴 수도 있습니다. 고로 젊은이의 의욕과 노인의 신중함을 두루 갖추면 그 어떤 어려운 일도 능히 해낼 수 있습니다.

인간은 유한한 존재다

육신이 유한有限함을 깨닫게 되면,
세상의 모든 인연이 부질없음을 알게 되고
깨우침을 얻어 욕망이 없는 경계에 이르면
탁해진 마음은 달처럼 홀로 밝아진다.

看破有盡身軀 萬境之塵緣自息
간 파 유 진 신 구 만 경 지 진 연 자 식

惡入無懷境界 一輪之心月獨明
오 입 무 회 경 계 일 륜 지 심 월 독 명

인간은 늙고 병들면 그저 흙으로 되돌아가는 유한한 존재일 뿐입니다. 그런데도 명예와 권력에 눈이 멀어 집착합니다. 하지만 이 세상에 단 하나뿐인 '공사상'의 이치를 깨우치게 되면, 욕망의 경계에서 스스로 벗어나 한밤의 달처럼 마음이 밝아집니다. 달은 영원히 사라지지 않는 '공사상'이고, 인간은 한갓 '중생'에 지나지 않습니다. 그렇기에 '공사상'의 진리를 깨닫게 되면, 비록 나의 육신은 사라지지만, 영혼은 한밤의 달처럼 영원히 살아 빛나게 될 것입니다.

군자의 참모습

군자의 마음은 청명한 하늘과 밝은 해처럼
누구나 다 헤아릴 수 있게 해야 한다.
군자의 재능은 마치 보석을 다스리듯이
누구나 그 능력을 알 수 있게 해야 한다.

君子之心事 天青日白 不可使人不知
군 자 지 심 사　천 청 일 백　불 가 사 인 부 지

君子之才華 玉韞珠藏 不可使人易知
군 자 지 재 화　옥 온 주 장　불 가 사 인 이 지

군자의 마음은 한 치의 거짓도 없이 저 맑은 하늘과 밝은 해처럼 투명해야 합니다. 만약, 티끌만치라도 거짓이 있다면 그는 군자가 아닙니다. 진정한 군자는 자신에게조차 숨김이 없습니다. 또한 공명정대해 청천백일처럼 자신의 행적이 모두 드러나 세상 모든 사람들이 훤히 알도록 일하고 개인적으로 치부하지 않습니다. 또한 군자는 자신의 재능과 식견識見을 보석처럼 귀하게 여겨 쓸 때와 쓰지 말아야 할 때를 스스로 판단해 경솔하지 않습니다. 그래야만 모든 시기와 질투에서 벗어날 수 있습니다. '비단옷을 입고 그 위에 허름한 옷을 입는다.'라는 '의금상경衣錦尙絅'이라는 고사성어가 있습니다. '금은 세월이 지나도 그대로 금'이듯이 겉모습이 아무리 볼품이 없어도 군자는 결국 군자입니다. 이것이 바로 군자의 참모습입니다. 반대로 소인배는 단지 눈앞의 이익에 눈이 멀거나 남에게 주목받기 위해 온갖 감언이설을 늘어놓으나 결국엔 모든 것이 만천하에 드러납니다. 이것이 바로 군자와 소인배의 차이입니다.

실패 없는 성공은 없다

은혜를 베풀다가 도리어 해를 입는 경우가 있으므로
마음이 흡족할 때 빨리 돌아가라.
실패 후에도 성공하는 경우가 있으므로
계획대로 일이 진행되지 않을지라도
그 일에서 손을 절대로 놓지 마라.

恩裏由來生害 故快意時 須早回頭
은 리 유 래 생 해　고 쾌 의 시　수 조 회 두

敗後惑反成功 古拂心處 切莫放手
패 후 혹 반 성 공　고 불 심 처　절 막 방 수

118

한 사람에게 계속 도움을 주거나 받는 건 그리 좋은 일이 아닙니다. 도움을 받았던 사람이 계속 성장하려면, 도움을 줬던 내가 흡족해지면 그길로 바로 멈추는 게 좋습니다. 왜냐하면, 지나친 도움은 나중엔 해害로 돌아올 수 있고, 일순간 도움을 끊으면 둘의 관계가 급속하게 나빠질 수도 있습니다. 그렇기에 서로 마음이 흡족할 때 물러나는 것도 관계 유지의 좋은 방법일 수 있습니다. 또한 사업에 실패했다고 당장 손을 떼는 것은 좋지 못한 행동입니다. 차라리 실패의 원인을 철저히 분석하여 다시 도전해 보는 것이 더 좋습니다. 문제는 절망하는 자신의 마음입니다. 실패 없는 성공은 없습니다.

관대한 마음을 가져라

살아서는 관대한 마음을 가져
남에게 불만을 사지 말라.
살아서 베푼 은혜가 죽은 뒤에도 남게 하여
남들이 잊지 않도록 하라.

面前的田地 要放得寬 使人無不平之歎
면 전 적 전 지   요 방 득 관   사 인 무 불 평 지 탄

身後的惠澤 要流得長 使人有不匱之思
신 후 적 혜 택   요 류 득 장   사 인 유 불 궤 지 사

한용운 채근담

'면전面前'은 목숨이 붙어 있을 때를 말하고, '전지田地'는 심지心地로 '마음의 밭'을 의미합니다. 누군가의 장단점을 분별하는 것은 주위로부터 불만을 사기 쉬우므로 항상 관대한 마음으로 남을 포용하면 덕을 얻을 수 있습니다. '용서'와 '포용'이 내포하고 있는 의미는 다릅니다. 남의 잘못을 무조건 '용서'하는 건 좋지 않으며, 엄격한 잣대를 가지되 관대한 마음으로 '포용'한다면 남으로부터 불만을 사지 않고 오래 존경받을 수 있습니다. 또한 여건이 허락되어 남에게 은혜를 베풀면, 죽은 후에도 그 기억이 오래 남게 되어 후손들에게 큰 귀감龜鑑이 됩니다. 사람에게 부귀영화보다 더 중요한 것은 '어떻게 사는가'입니다. 아무리 재물이 많고 명성이 높다고 하더라도 그 행실이 나쁘면, 죽은 뒤의 평가는 나쁠 수밖에 없습니다. 이것은 군자의 길이 아닙니다.

베푸는 마음을 지녀라

좁은 길에서는 한 걸음 물러나서
행인이 먼저 지나가게 하고,
맛있는 음식은 10분의 3을 덜어 남에게 베풀어라.
이것이 세상을 즐겁게 사는 하나의 방식이다.

路徑窄處 留一步與人行
노 경 착 처   유 일 보 여 인 행

滋味濃的 減三分讓人食
자 미 농 적   감 삼 분 양 인 식

此是涉世一極樂法
차 시 섭 세 일 극 락 법

세상은 남과 더불어 살아가는 곳입니다. 남으로부터 존경받으려면 내가 먼저 생활 속에서 '양보'와 '배려'를 실천해야 합니다. 붐비는 장소나 좁은 길 위에서 먼저 지나가려다가 큰 사고로 이어지는 경우를 종종 봅니다. 이럴 땐 한발 물러서서 양보하면 사고를 사전에 방지할 수 있습니다.

또한, 맛있는 음식이 있을 땐 이웃에게 10분의 3을 덜어서 베풀면, 마음도 즐거워지고 이웃도 작은 고마움을 느낍니다. 남을 위해 양보하고 배려하는 마음을 항상 지니면 즐겁게 살 수 있습니다. 자기만의 좋은 삶의 습관을 지니면, 그 순간부터 내가 행복해진다는 것을 잊지 마세요.

근기에 맞게 가르쳐라

남의 잘못을 지나치게 지적해서도 안 되며
잘못을 인정할 수 있는 정도로만 지적해야 하며,
타인에게 선을 가르칠 때도 그 과정을 높이지 말며
가르침을 따를 수 있는 정도로만 일러줘야 한다.

攻人之惡 無太嚴 要思其堪受
공 인 지 악 　 무 태 엄 　 요 사 기 감 수

敎人以善 毋過高 當使其可從
교 인 이 선 　 무 과 고 　 당 사 기 가 종

석가모니는 평소 대승의 수행자에겐 대승의 법을 전하고, 소승의 수행자에겐 소승에 맞는 법문만을 하셨다고 합니다. 남을 가르치거나 잘못된 것을 지적할 때는 가르침과 잘못을 받아들일 수 있는 한도 내에서 일러주어야 합니다. 정도가 지나치면 오히려 역효과가 날 수 있습니다.

교육도 마찬가지입니다. 공부할 생각이 전혀 없는 아이에게 억지로 가르치면, 곧 싫증이 나 게으름을 피웁니다. 옛말에 '꾸중도 칭찬'이라고 했습니다. 적당한 '꾸중'은 자극제가 되어 행실이 좋아질 수 있습니다. 공자는 "평균 정도의 사람에게 높은 수준의 학문을 말하지 않는다"고 했으며 "군자가 천하를 얻으려면 먼저 곁에 있는 사람의 마음을 헤아려야 한다"고 했습니다. 가정도 마찬가지입니다. 부부가 서로의 마음을 헤아리지 못하면 어떻게 행복한 가정을 이룰 수 있겠습니까.

밝음은 어둠에서 온다

더러운 굼벵이도 매미가 되어
가을바람에 이슬을 먹고,
빛을 잃은 썩은 풀도 반딧불로 변해
여름 달 아래 반짝이듯
만물의 순결함은 항상 더러움에서 나오고
밝음은 어둠에서 온다는 것을 깨달아야 한다.

糞蟲至穢 變爲蟬 而飮露於秋風
분 충 지 예 변 위 선 이 음 로 어 추 풍

腐草無光 化爲螢 而耀采於夏月
부 초 무 광 화 위 형 이 요 채 어 하 월

故知潔常自汚出 明每從暗生也
고 지 결 상 자 오 출 명 매 종 암 생 야

굼벵이는 곤충에 불과하나, 가을이면 허물을 벗고 매미가 되어 선선한 바람을 맞으면서 이슬을 먹고 삽니다. 또한 반딧불이는 썩은 풀을 먹고 자라 한 여름밤 아름다운 빛을 품어냅니다. 이슬을 먹고 사는 매미의 깨끗함이 굼벵이의 더러움 속에서 태어나고, 반딧불이의 밝은 빛이 썩은 풀 속에서 생겨남도 자연의 이치입니다. 이처럼 우주 만물은 있는 그대로가 가장 순결하며 더러움과 깨끗함, 밝음과 어둠이 둘이 아닌 하나로써 한순간도 사라지지 않고 '생멸生滅'을 거듭합니다. 이렇듯 우주는 비어 있는 것이 아니라 생명으로 꽉 차 있습니다.

우주가 곧 '공사상'입니다. 만물의 비밀을 제대로 깨치려면 '공사상'을 제대로 공부해야만 합니다. 예로부터 시인의 명문名文은 '궁핍한 가난에서 흘러나오고, 성공은 실패한 후에 얻는 열매와도 같다.'고 했습니다. 인간의 행복도 어둡고 한스러운 세월을 겪고 난 뒤 비로소 찾아옵니다. 역사적인 영웅호걸도 미천하고 가난한 가운데 생겨나듯 한때의 실의로 모든 것을 포기하는 사람은 결코 성공할 수 없습니다.

총명함을 애써 드러내지 말라

총명한 사람은 자기의 능력을
잘 다스리고 감추어야 하는데
오히려 환하게 드러내면,
총명함으로 인해 어리석은 병을 키우는 것이니
어찌, 곤란을 겪지 않겠는가.

聰明人 宜斂藏 而反炫耀
총 명 인 의 염 장 이 반 현 요

是聰明而愚懵其病 如何不敗
시 총 명 이 우 몽 기 병 여 하 불 패

총명한 사람은 재능을 잘 다스리되 겸손해야 널리 존경받을 수 있습니다. 그러나 자랑이 앞서게 되면 타인에게 비난받거나 신임을 얻지 못합니다. 이것은 총명함으로 인해 어리석은 병을 키우는 것이나 다를 바가 없으며, 그로 인해 곤경에 처할 수 있음을 명심해야 합니다. 특히, 재물이 많고 명성이 있는 사람은 관대한 마음을 항상 지니고 있어야 합니다. 재물에 인색하거나 남을 무시하는 사람은 비록, 부귀하지만 천박한 사람입니다. 그러므로 자신의 재능과 능력을 빛내려면 먼저 어진 마음을 지녀야 합니다.

티끌조차도 욕망에 다가가지 마라

욕망에 관한 일은 즐거움과 편안함에 빠지기 쉬우므로
티끌일지라도 손가락에 닿지 않아야 한다.
만약, 한 손가락이라도 닿게 되면
만 길 구렁텅이에 빠질 수 있다.
바른 이치에 관한 일은 어렵다고 생각해서
단 한발도 물러나서는 안 된다.
만약, 한발이라도 뒤로 물러나게 되면
천 개의 산을 둔 것처럼 간격이 멀어지게 된다.

欲路上事 毋樂其便而姑爲染指 一染指 便深入萬仞
욕 로 상 사 무 락 기 편 이 고 위 염 지   일 염 지   편 심 입 만 인
理路上事 毋憚其難而稍爲退步 一退步 便遠隔千山
이 로 상 사 무 탄 기 난 이 초 위 퇴 보   일 퇴 보   편 원 격 천 산

한용운 채근담

욕망에 관계되는 일을 하면 자신도 모르게 마약처럼 즐거움과 편안함에 빠지기가 쉽고, 잘못된 길로 갈 수 있으므로 티끌일지라도 조심해야 합니다. 만약, 티끌이라도 손가락에 닿게 되면 만 길, 악의 구렁텅이에 빠질 수 있기에 욕망에 관한 일은 애초에 접근조차 말아야 합니다.

하지만 자신이 가고 있는 길이 옳고 이치에 맞는 일이라고 생각된다면 설령, 그 길이 힘들고 성공을 보장받지 못 한다고 하더라도 단 한발도 물러나서는 안 됩니다. 만약, 두려워서 물러난다면 이는 마치 천 개의 산을 앞에 둔 것처럼 간격이 벌어져 결국엔 자신이 원하는 걸 얻지 못합니다. 그러므로 사람이 타인으로부터 존경받으려면 티끌일지라도 욕망에 관계되는 일은 멀리하고, 옳은 일은 아무리 힘들어도 실천해야 합니다.

진리에 뜻을 두고 공부하라

공부하는 사람은 정신을
오직 한곳에만 집중해야 하며
성공과 명예에 공부의 뜻을 두면
설령, 덕을 닦는다고 하더라도
결코 진리에 이르지 못한다.
또한 학문을 닦으면서
음풍농월에만 뜻을 두면
결코 진리를 깊이 깨치지 못한다.

學者要收拾精神幷歸一處
학 자 요 수 습 정 신 병 귀 일 처

如修德 而留意於事功名譽 必無實詣
여 수 덕 이 유 의 어 사 공 명 예 필 무 실 예

讀書 而奇興於吟咏風雅 定不深心
독 서 이 기 흥 어 음 영 풍 아 정 불 심 심

공부하는 사람은 정신을 오직 한곳에만 집중하는 습관을 지녀야 합니다. 산만하거나 잡념에 빠지면 차라리 하지 않는 것만 못합니다. 사람이 공부하는 이유는 덕성을 기르고 진리를 깨닫기 위함인데 그렇지 않고 재물과 명예에만 뜻을 두면 욕심이 앞서게 되어 공부를 아무리 열심히 하더라도 진리와의 거리는 더 멀어지고 덕성 또한 길러지지 않습니다.

독서도 마찬가지입니다. 책 읽는 사람이 한갓 문장의 재미에만 빠져서 진리는 고사하고 음풍농월만 찾는다면, 책 속에 숨은 진리를 깊이 깨닫지 못함으로 이를 경계해야 합니다.

죄 짓지 마라

간이 병들면 눈이 멀게 되고
콩팥이 병들면 귀가 멀게 된다.
병은 사람이 알 수 없는 곳에서 생겨나서
모든 사람이 알게 된다.
고로 군자가 밝은 곳에서 죄를 짓지 않으려면
어두운 곳에서 먼저 죄를 짓지 말아야 한다.

肝受病 則目不能視 腎受病 則耳不能聽
간 수 병 즉 목 불 능 시 신 수 병 즉 이 불 능 청

病受於人所不見 必發於人所共見
병 수 어 인 소 불 견 필 발 어 인 소 공 견

故君子欲無得罪於昭昭 先無得罪於冥冥
고 군 자 욕 무 득 죄 어 소 소 선 무 득 죄 어 명 명

한용운 채근담

사람의 '오장육부'는 눈, 혀, 입, 코, 귀인 오관伍管
과 긴밀하게 연결되어 있습니다. 간과 콩팥은 눈과 귀에
연결되어 있어서 간이 나쁘면 눈이 멀게 되고 콩팥이 나
쁘면 귀가 아픕니다. 이렇듯 사람의 병은 알 수 없는 곳에
서 보이지 않게 생겨나 나중엔 모든 사람이 알게 됩니다.

그런데 병을 고치지 않고 오래 방치하면 어떻게 되겠
습니까? 악화가 돼 다른 장기를 상하게 하고 결국은 사람
을 죽음으로 몰아갑니다. 세상의 모든 일도 이와 같습니
다. 죄를 짓고도 남이 모를 거라고 생각하나, 죄는 반드시
밖으로 드러나기 마련입니다. 그러므로 군자는 밝은 곳에
있을 때나 어두운 곳에 있을 때나, 혼자 있을 때나 여럿이
있을 때나 생각과 행실에 변함이 없어야 합니다.

은혜는 잊지 말고 원한은 빨리 잊으라

남에게 베푼 공은 생각하지 말고
잘못한 일은 항상 생각하고 있어야 한다.
남의 은혜는 잊지 말아야 하며
남과의 원한은 빨리 잊어야 한다.

我有功於人 不可念 而過則不可不念
아 유 공 어 인　불 가 념　이 과 즉 불 가 불 념

人有恩於我 不可忘 而怨則不可不忘
인 유 은 어 아　불 가 망　이 원 즉 불 가 불 망

남에게 좋은 일을 한 뒤에 그에 따른 보상을 기대해서는 절대로 안 됩니다. 자신이 남에게 잘못했을 때는 그 사실을 잊지 말고 뉘우쳐야 발전할 수 있습니다. 또한 남이 나에게 베푼 은혜는 결코 잊어서는 안 되며, 그 은혜를 갚으려는 마음 또한 세월이 지나서도 잊어서는 안 됩니다. 이것이 나를 올바르게 성장시키는 길입니다.

누구나 세상을 살면서 '선연善緣'과 '악연惡緣'을 만납니다. '선연'은 좋은 관계를 지속시키되, 악연과의 원한은 빨리 잊는 것이 좋습니다. 원한은 또 다른 원한을 낳을 수 있으며 나중에 돌이킬 수 없는 나쁜 결과를 가져올 수도 있습니다. 옛말에 '군자는 원한을 덕으로 갚는다'라고 하지 않았습니까. 덕은 만인을 내 사람으로 만드는 지름길입니다.

검소하게 살라

부유한 사람은 사치스러우나 만족감이 없으니
가난하지만 검소한 사람의 여유로움과
어찌 같을 수 있으랴.
유능한 사람이 일에 최선을 다하고도
남에게 원망을 사니
게으르고 무능한 사람이 진실을 갖고 노는 것과
어찌 같을 수 있으랴.

奢者富而不足 何如儉者貧而有餘
사 자 부 이 부 족 하 여 검 자 빈 이 유 여

能者勞而伏怨 何如拙者逸而全眞
능 자 노 이 복 원 하 여 졸 자 일 이 전 진

한용운 채근담

◈ 부유한 사람은 사치스럽고 욕심이 많아서 아무리 많은 재산이 있어도 정작 마음의 여유가 없어서 항상 불안하고 만족할 줄 모릅니다. 그러나 검소한 사람은 비록, 가난하나 마음의 여유가 많아서 항상 즐겁고 행복합니다. 이렇듯 행복은 삶의 가치를 어디에 두고 있느냐에 따라서 확연히 달라집니다.

유능한 사람이 어떤 일에 성심을 다하고도 때론 남에게 원망을 살 때도 있습니다. 왜 그럴까요? 덕이 없기 때문입니다. 평소에 덕을 쌓지 못하면, 아무리 뛰어나고 유능할지라도 원한을 사기 쉽습니다.

인생에서 중요한 것은 능력보다 덕을 닦는 것입니다. 주변에 무능하고 게으른 사람이 진실한 것처럼 보이는 데는 그래도 자신의 참모습을 온전히 유지하기 때문이며 반대로 유능한 사람이 힘들게 사는 이유는 평소 덕을 쌓아 놓지 못했기 때문입니다.

몸과 마음을 밝게 유지하라

마음과 몸이 밝으면
어두운 실내에서도 푸른 하늘이 떠 있고,
생각이 우매하고 어두우면
한낮에도 무서운 귀신을 본다.

心體光明 暗室中有青天
심 체 광 명 암 실 중 유 청 천

念頭暗昧 白日下有厲鬼
염 두 암 매 백 일 하 유 어 귀

한용운 채근담

몸과 마음을 밝고 바르게 유지하면, 동굴처럼 어두운 곳에서도 푸른 하늘을 바라볼 수 있습니다. 지금 당장 어렵고 힘든 처지에 있더라도 긍정적인 생각을 가지면 언제라도 해결이 될 수 있습니다. 긍정적인 생각을 갖지 않고 우매하고 어두우면, 사물을 대할 때 한낮에도 귀신을 만난 것처럼 늘 불안감에 휩싸일 수 있습니다. 불교에서 "마음이 극락을 만들고 지옥을 만든다."고 하지 않았습니까. 모든 것은 오직 마음먹기에 달려 있습니다. 그러므로 항상 내 몸과 마음을 밝고 즐겁게 유지해야 합니다. 이 것이 바로 '심체광명'입니다.

선행善行은 몰래 베풀어라

악을 행하면서도 알까봐 두려워하는 것을 보면
악함 속에서도 착한 길이 있음을 알 수가 있고,
착한 일을 행하면서도 알리기에 급급한 것을 보면
착함이 곧 악의 근원이 되기도 한다.

爲惡而畏人知 惡中猶有善路
위 악 이 외 인 지　악 중 유 유 선 로

爲善而急人知 善處卽是惡根
위 선 이 급 인 지　선 처 즉 시 악 근

사람은 누구나 '선악善惡'을 동시에 지니고 있습니다. 악행을 저지르고 난 뒤 남이 알까봐 두려워하는 것도 일말의 착함이 있다는 증거입니다. 군자가 되려면 내 안에 있는 선악을 잘 다스려야 합니다.

자신의 선행을 숨기지 않고 오히려 남에게 알리기에만 급급하다면, 올바른 자세가 아닙니다. 이런 사람은 선행이 목적이 아니라 명성을 얻기 위한 수단에 불과할 뿐입니다. 이로운 일을 실천할 때는 철저하게 비밀리에 하는 것이 좋습니다. 그렇지 않으면 선행을 하고도 도리어 자신에게 화가 미치게 될지도 모릅니다. 그러므로 선행을 할 때는 이치에 맞게 해야 합니다.

일이 힘들 때는 초심으로 돌아가라

사람이 궁색하고 형세가 기울면
초심으로 다시 돌아가야 하고,
공적을 원만히 이룬 선비는
인생의 끝을 보고 생각하라.

事窮勢蹙之人 當原其初心
사 궁 세 축 지 인　당 원 기 초 심

功成行滿之士 要觀其末路
공 성 행 만 지 사　요 관 기 말 로

한용운 채근담

사업이 어려워지거나 곤란해지면, '초심初心'으로 돌아가서 실패의 원인이 어디에 있는지 잘 분석해 다시 시작해야 합니다. 예를 들면, 초나라 군주 항우는 유방과 천하를 놓고 싸우다가 해하垓下에서 패한 뒤, 오강烏江의 고향으로 돌아가서 다시 권토중래捲土重來를 기약했다면 좋았을 것입니다. 그러나 항우는 단 한 번의 패배를 정신적으로 이겨내지 못하고 자결하여 천추의 한을 남기고 말았습니다. 이것은 항우가 막다른 길에 몰렸을 때 초심으로 돌아가지 않고 스스로 좌절했기 때문입니다.

무릇 기쁜 일에는 슬픔도 있습니다. 업적을 크게 이룬 사람은 인생의 미래를 위해 마음을 잘 다스려야 합니다. 한고조 때 유방의 신하인 한신韓信이 각지를 정벌하여 제국을 세우는 데에 큰 공을 세웠지만, 나중 여태후呂太后에게 목숨을 잃게 됩니다. 더구나 그는 병법의 절대 대가였으나 자신의 노후를 소홀히 한 결과입니다. 이렇듯 영원한 영화는 없습니다. 사람에겐 노후가 가장 중요합니다.

제4부

:

공空의 이치

공은 비어 있는 것이 아니라
쉼 없이 꽃이 피고 지는 것처럼
바다에 파도가 치는 것처럼.
만물이 꽉 차 살아 있는 것이다.

공사를 잘 구분하고 신념을 가져라

의심하는 사람이 많다고 하더라도
자신의 굳은 견해를 굽히지 말고,
자신의 견해와 다르다고 해서
함부로 타인의 말을 흘려듣지 말라.
사적인 것에 사소한 은혜를 베풀어서
전체에 해를 끼치지 말고,
공론을 앞세워 자기감정을 해소하려고 들지 말라.

毋因群疑而阻獨見 毋任己意而廢人言
무 인 군 의 이 저 독 견   무 임 기 의 이 폐 인 언

毋私小惠而傷大體 毋借公論而快私情
무 사 소 혜 이 상 대 체   무 차 공 론 이 쾌 사 정

한용운 채근담

◆ 설령, 다른 사람이 자신의 견해에 관해 의혹을 품고 있더라도 굳은 신념이 있다면 한발도 물러서지 말아야 합니다. 본디, 훌륭한 업적을 이룬 사람들의 특이한 견해들은 역사적으로도 많은 의혹을 받았습니다. 하지만 자신의 견해가 옳고 신념이 있다면 강하게 밀고 나가야 합니다. 이것이 바로 진정한 용기입니다. 물론, 여기에는 전제가 있습니다. 타인의 의견이 자신과 맞지 않다고 해서 함부로 타인의 견해를 무시하지 말아야 한다는 것입니다. 이같은 행동은 타인을 적으로 만듭니다. 비록 타인의 잘못된 견해일지라도 잘 정리하여 내 것으로 만드는 것도, 자신의 신념을 완성하는 훌륭한 방법입니다. 이러한 자세가 리더로 만듭니다. 또한 사적인 감정을 앞세워 개인에게 이익을 주는 건 오히려 전체에게 해를 주기에 절대로 금해야 합니다. 또한 공론을 이용해 사적인 이득을 취해서도 안 됩니다. 공론은 공론이며 공사의 정확한 판단이 곧 덕을 얻는 길입니다.

군자와 소인배의 차이

소인배와는 원수가 되지 말라.
소인배는 스스로 적을 만든다.
군자에겐 아부하지 말라.
군자는 원래 사사로운 은혜를 베풀지 않는다.

休與小人仇讐 小人自有對頭
휴 여 소 인 구 수 소 인 자 유 대 두

休向君子諂媚 君子原無私惠
휴 향 군 자 첨 미 군 자 원 무 사 혜

무리 지어 행동하는 이들을 대개 '소인배'라고 지칭합니다. 이들은 마음 그릇이 작고 아량이 없어 다른 말로 '졸장부'라고 부르기도 합니다. 본디 '군자'는 '소인배'를 가까이하지 않습니다. 만약, '군자'가 '소인배'를 가까이하다가 작은 해를 입었다면 빨리 잊는 게 상책입니다. 그렇다고 '소인배'와 원수지간이 되면 나중에 더 많은 적을 만나거나 큰 화를 입을 수도 있으므로 차라리 용서하는 것이 좋습니다. 반대로 '군자'에게는 절대로 아부하지 말아야 합니다. '군자'는 사사로운 감정에 얽매이지 않고 공명정대하게 일을 처리하기에 아부는 좋지 않습니다. 차라리 실력을 닦아서 주변으로부터 인정받는 게 더 좋습니다. 이것이 바로 '군자'와 '소인배'의 차이입니다.

편안함만을 추구하지 말라

일이 뜻대로 되지 않음을 근심하지 말고
일이 마음에 흡족하다고 해서 기뻐하지 말라.
오랫동안 편안한 것만을 추구하지 말고
처음부터 어려움에 빠지는 것을 두려워하지 말라.

毋憂拂意 毋喜快心 毋恃久安 毋憚初難
무 우 불 의 무 희 쾌 심 무 시 구 안 무 탄 초 난

◆ 일이 뜻대로 진행되지 않았을 때는 무엇이 잘못되었는가를 면밀하게 분석해야지 근심에만 빠져있는 건 오히려 더 나쁜 결과를 초래할 수 있습니다. 지나친 근심은 건강에도 좋지 않고, 일에도 나쁜 영향을 끼쳐 자신을 더욱 곤란하게 할 수 있습니다. 반대로 일이 뜻대로 잘 풀린다고 해서 오랫동안 기쁨에만 젖어 있으면 자칫 태만에 빠지기가 쉬우므로 금해야 합니다. 이렇듯 세상의 모든 일들은 잘 되든 안 되든 마음먹기에 달려 있습니다.

사람이 편안한 것만을 추구하면, 그 어떤 일도 성취하지 못합니다. 편안함은 나태를 부르는 최악의 적입니다. 새로운 일을 시작할 때는 강한 자신감이 있어야 하고 곤경에 빠지는 것을 두려워해서는 안 됩니다. 만약 편안함만을 추구하는 생각으로 일을 시작한다면, 당신이 이 세상에서 할 일은 아무것도 없습니다.

함부로 벗을 사귀지 말라

사람에게 일을 시킬 때는 각박하게 대하지 말라.

각박은 은혜를 원하던 사람을 떠나게 한다.

벗을 사귈 때는 함부로 가까이하지 말라.

함부로 사귀면 아부하는 사람들만 모여든다.

用人不宜刻 刻則思效者去
용 인 불 의 각 각 즉 사 효 자 거

交友不宜濫 濫則貢諛者來
교 우 불 의 람 남 즉 공 유 자 래

한용운 채근담

◆ 일을 시킬 때는 덕으로 시켜야지 각박한 마음으로 대해서는 절대로 안 됩니다. 일하는 건 대가를 받기 위함인데 오히려 각박하게 대하면 견디지 못하고 쉽게 떠납니다. 이것은 일을 시키는 사람의 참된 행실이 아닙니다. 일을 시키고 보상을 줄 때도 생색을 내어서는 절대로 안 됩니다. 일이 잘되고 못됨에 따른 보상도 적절한 조절이 필요합니다.

벗을 사귈 때는 그의 성품을 잘 판단해서 사귀어야 합니다. 어질고 마음이 따뜻한 벗을 가까이 두는 것이 좋고, 악한 성품을 가진 이는 되도록 멀리하는 것이 좋습니다. 물론, 그 성품을 판단하는 건 매우 어려운 일일 수도 있지만, 잘 분별하는 것도 군자의 '덕목德目'입니다. 그렇지 않고 좋지 않은 사람을 함부로 가까이하거나 사귀게 되면, 아부하는 사람만 주위에 많이 모여들게 되고 판단력마저 떨어져 자신에게 화가 미칠 수 있기에 매사에 행실을 조심해야 합니다.

자신보다 못한 사람을 생각하라

일이 뜻대로 잘 풀리지 않거든,
자신보다 못한 사람을 먼저 생각하라.
한쪽에서 원망하고 탓하는 마음이 사라진다.
마음이 황폐해지거나 나태해지면
자신보다 나은 사람을 먼저 생각하라.
신비롭게도 정신이 스스로 분발을 촉구한다.

事稍拂逆 便思不如我的人 則怨尤自消
사 초 불 역   변 사 불 여 아 적 인   즉 원 우 자 소

心稍怠荒 便思勝似我的人 則精神自奮
심 초 태 황   변 사 승 사 아 적 인   즉 정 신 자 분

한용운 채근담

일이 뜻대로 잘 풀리지 않으면, 대개 누군가를 원망하거나 탓하지만 그럴수록 더 나빠질 뿐 달라지는 건 전혀 없습니다. 이때는 자신보다 못한 사람을 떠올리면, 위안을 얻을 수 있습니다. 어차피 역경은 인생의 한 과제입니다. 차라리 더 나은 미래를 위해 새로운 출발을 도모하는 것이 자기 성장의 밑거름이 됩니다. 그렇지 않고 누군가를 계속 원망하거나 탓만 하는 건 헛된 시간만 낭비할 뿐, 자기 성장에 아무런 도움이 되지 않습니다. 또한 정신이 황폐하고 나태할 때는 자기보다 나은 벗을 곁에 두면 분발을 촉구할 수 있고 그를 통해서 자신이 성장할 수 있습니다.

마음을 비우고 자유자재하라

큰 공적을 이룬 사람 중에는
마음을 원만히 비운 학자들이 많고,
사업에 실패하여 기회를 잃은 사람 중에는
집착력이 강한 사람이 반드시 있다.

建功立業者 多虛圓之士
건 공 입 업 자　다 허 원 지 사

憤事失機者 必執拗之人
분 사 실 기 자　필 집 요 지 인

성품이 자유자재하고 원만하여 세상일에 거리낌이 없는 성격을 '허원虛圓'이라고 합니다. 큰 공적을 이룬 사람들의 성품을 살펴보면, 마음을 비운 이들이 의외로 많습니다. 이와 달리, 눈앞의 이익과 재물에만 얽매여 욕심이 가득한 사람은 성공하기 힘듭니다.

또한 사업에 실패한 사람들의 대다수는 재물에 대한 집착이 강하고 욕심이 많습니다. 왜 그럴까요? 편중된 시각으로 인해 한곳에만 집착하기 때문입니다. 사업의 기본 바탕은 세상을 넓게 바라보는 시야와 통찰력, 그리고 사리事理입니다. 이것이 없으면 결코 성공할 수 없습니다.

어떤 일도 마무리가 가장 중요하다

기쁨에 들떠 쉽게 허락하지 말고
술에 취해 화내지 말고,
기분에 들떠 일을 많이 벌이지 말고
지겨움 때문에 일의 마무리를 소홀히 하지 말라.

不可乘喜而輕諾 不可因醉而生嗔
불 가 승 희 이 경 락 불 가 인 취 이 생 진

不可乘快而多事 不可因倦而鮮終
불 가 승 쾌 이 다 사 불 가 인 권 이 선 종

한용운 채근담

◆ 어떤 일을 시작할 때는 신중하게 판단해야 합니다. 기분에 들떠서 제대로 분석도 하지 않고 일을 경솔하게 처리하면, 항상 후회가 뒤따릅니다. 또한 술자리에서는 화를 내는 등 자신도 모르게 나쁜 버릇들이 나오기에 말과 행동을 특히 조심해야 합니다. 그리고 상대의 기분을 일시적으로 맞춰주기 위해 자신이 감당도 못할 일을 허락하는 건 절대로 금물입니다. 주변의 사람들을 둘러보면, 일만 많이 벌여놓고 마무리를 제대로 하지 못하는 사람들이 의외로 많습니다. 이런 사람은 말만 청산유수로 늘어놓고 일은커녕 책임감이 없고 게으르기에 애초에 맡기지 않는 것이 좋습니다. 일은 시작보다도 마무리가 더 중요합니다. 큰일을 함에 있어서 가장 경계해야 할 것은 '들뜸, 취기, 게으름'입니다.

한 생각에 모든 것이 달려 있다

세월의 길고 짧음이 한 생각에 달려 있으며
넓고 좁음이 촌심에 달려 있다.
고로 여유가 있는 사람은 하루가 천년 같이 느껴지고
큰 뜻을 품은 사람은 아주 작은 집도
하늘과 땅 사이보다도 더 크게 느낀다.

延促由於一念 寬窄係之寸心
연 촉 유 어 일 념 관 착 계 지 촌 심

故機閒者一日遙於千古 意寬者 斗室廣於兩間
고 기 한 자 일 일 요 어 천 고 의 관 자 두 실 광 어 양 간

한용운 채근담

누구에게나 시간은 똑같이 주어지지만, 그 시간을 어떻게 적절하게 쓰는가에 따라서 인생의 성공 여부가 결정된다는 사실을 명심해야 합니다. '게으름'과 '여유'는 그 의미가 다릅니다. '게으름'은 시간을 헛되게 보내는 것을 말하고 '여유'는 주어진 시간을 적절하게 배분하여 사용하는 걸 말합니다. 자기에게 주어진 시간이 아무리 많아도 게으름을 피우면, 그 어떤 일도 성취할 수 없습니다. 그러나 마음의 여유를 지닌 사람은 짧은 하루 해도 천년처럼 길게 느껴져서 많은 일들을 해낼 수 있습니다. 이렇듯 여유는 사람의 내면을 풍족하게 하고 생각의 크기를 키워주기에 바쁠수록 돌아가는 지혜가 필요합니다. 집의 크기도 마찬가지입니다. 비록 초가일지라도 넓다고 생각하면 넓고, 대궐도 좁다고 생각하면 좁습니다. 이 모든 것이 촌심에 달려 있습니다.

도道는 천기天機에 달려 있다

끈으로 쉴새 없이 톱질해도 나무가 절단되고
한 방울의 물이 돌에 구멍을 내듯
깨달음을 얻기 위해서는 부단히 노력해야 한다.
물방울이 모여 여울이 되고
열매가 익으면 꼭지가 떨어지듯이
사람이 도를 얻는 것은 하늘의 뜻에 달려 있다.

繩鋸木斷 水適石穿 學道者須要努力
승 거 목 단 수 적 석 천 학 도 자 수 요 노 력

水到渠成 苽熟滯落 得道者一任天機
수 도 거 성 고 숙 체 락 득 도 자 일 임 천 기

한용운 채근담

◈ 노끈을 가지고 쉴새 없이 톱질하면 아무리 단단한 나무일지라도 벨 수가 있고, 한 방울의 물이 오랜 세월에 걸쳐서 떨어지면 단단한 돌도 구멍이 납니다. 하물며 '도道'를 얻고자 하는 사람이 치열한 성찰도 없이 어찌 깨달음을 구할 수 있겠습니까. 그리고 작은 물방울이 모여 여울이 되고, 감이 익으면 꼭지가 떨어지는 건 대자연의 이치입니다. 도를 얻는 것도 이와 같아서 수행자는 하루도 헛되게 보내지 말고 부단하게 정진하여 자연의 이치를 깨달아야 합니다.

불교에서는 번뇌의 원인을 만드는 안이비설신의 '육근六根'이 맑아져야 지혜가 증득證得되고, 무의식과 잠재의식인 '칠식七識'과 '팔식八識'조차 맑아져야만 도의 경지인 깨달음을 얻을 수가 있다고 합니다. 그러므로 '도'란 구한다고 해서 구해지는 게 아니라, 자연의 이치를 바로 깨닫는 것이고, '천기天機'를 바로 알아차리는 것입니다.

참된 성품을 구하는 법

고요함 속에서 고요함을 느끼는 건
참된 고요가 아니라
시끄러움 속에서도 고요함을 느낄 수 있어야만
참된 성품을 얻을 수가 있다.
즐거움 속에서 즐거움을 느끼는 건
참된 즐거움이 아니라
괴로움 속에서 즐거움을 느낄 수 있어야
참된 심체를 볼 수 있는 기회를 얻을 수가 있다.

靜中靜 非眞靜 動處靜得來 纔是性天之眞境
정 중 정 비 진 정 동 처 정 득 래 재 시 성 천 지 진 경

樂處樂 非眞樂 苦中樂得來 纔見心體之眞機
낙 처 락 비 진 락 고 중 락 득 래 재 견 심 체 지 진 기

한때 만해 한용운 스님은 시장에서 상추 장수와 아낙네가 실랑이를 벌이는 것을 보고 '선외선禪外禪'을 경험했다고 합니다. 상추가 비싸다고 투덜거리는 아낙네에게 상추 장수가 "비싸다고 생각하면 비싼 거고, 싸다고 생각하면 싼 것이 세상의 모든 물건"이라고 떠드는 걸 보고, 마음먹기에 따라 선의 참뜻도 달라진다는 것을 깨달았다고 합니다. 수행에 대한 지나친 집착은 오히려 아니하는 것만 못하다는 뜻이지요. 진정한 수행자는 시끄러운 시장 속에서도 정신이 흔들리지 않고 고요하며 그것이 곧, 참된 성품을 갖추는 길임을 알았던 것입니다.

즐거움도 마찬가지입니다. 술과 기생이 만연한 곳에서 느끼는 육신의 즐거움은 진정한 기쁨이 될 수 없습니다. 쾌락과 즐거움을 착각해서는 안 됩니다. 쾌락은 욕망이 빚어내는 작용에 불과하지만, 참된 즐거움은 비록 남과 같이 가진 것이 없지만, 청렴한 삶을 사는 선비의 성품과도 같은 것입니다. 말하자면, 참된 즐거움은 괴로움 가운데에서도 얻어진다는 것을 명심해야 합니다.

세 가지 덕목을 실천하라

사람의 작은 과실을 책망하지 말고
사람의 비밀을 알더라도 드러내지 말고,
사람의 나쁜 과거를 생각하지 말라.
사람이 세 가지를 행하면 덕을 얻을 수 있으며
해악으로부터 멀어질 수 있다.

不責人小過 不發人陰私 不念人舊惡
불 책 인 소 과 불 발 인 음 사 불 염 인 구 악

三者可以養德 亦可以遠害
삼 자 가 이 양 덕 역 가 이 원 해

한용운 채근담

누군가가 사소한 잘못을 나에게 했더라도 너무 책망하는 건 좋지 않습니다. 작은 잘못이나 실수를 용서하면, 관계 회복의 계기가 됩니다. 또한 내가 누군가의 좋지 않은 비밀을 알고 있더라도 그 사실을 주변에 알리거나 스스로 드러내는 건, 화살이 나에게로 돌아올 수 있기에 금하는 게 좋습니다. 또한 만나고 있는 사람이 과거에 행실이 좋지 못했다고 하더라도 그것에 대해 깊이 생각하지 말아야 합니다. 사람은 변합니다. 지금 뉘우치고 잘 살고 있다면, 지금의 그를 신뢰해야 합니다. 사람을 대할 때 이 세 가지를 잘 지키면 덕을 얻을 수 있고 외부의 모든 해악을 사전에 차단할 수 있습니다.

기꺼이 사람을 포용하라

속았다고 생각해도 말로 드러내지 않고
모욕받았다고 생각해도 얼굴색이 변하지 않는다면,
그 속에는 다함 없는 깊은 의미가 들어 있고
또한 무궁한 포용력이 담겨 있다.

覺人之詐 不形於言 受人之侮 不動於色
각 인 지 사 불 형 어 언   수 인 지 모 부 동 어 색

此中有無盡意味 亦有無窮受用
차 중 유 무 진 의 미   역 유 무 궁 수 용

한용운 채근담

누군가에게 속았다는 사실을 알았어도 주변에 드러내지 않고 용서하는 것을 두고 유교에서는 '충서忠恕'라고 합니다. 이것은 '인仁'을 강조하는 최고의 윤리 덕목입니다. 여기에서 '충'은 자기 양심에 충실한 것을 말하고, '서'는 타인을 대하는 마음의 자세를 말합니다. 군자가 '충서'를 잘 실천하면 주변으로부터 '덕'을 얻을 수 있습니다.

또한 누군가에게 모욕당했을 때, 포용하거나 참는 것은 상대를 위해서가 아니라 바로 자기 자신을 위해서입니다. 그만큼 내가 더욱 성장했다는 의미이며 화를 참는 것도 자기 성찰의 중요한 수행 방법입니다.

세상을 냉정한 눈으로 바라보라

군자는 눈을 맑게 하여
냉정한 시선으로 세상을 바라보아야 하며
마음을 잘 다스려서
경솔한 행동을 금해야 한다.

君子宜淨拭冷眼 愼勿輕動剛腸
군 자 의 정 식 냉 안 　 신 물 경 동 강 장

자고로 군자는, '사심私心'에 이끌리지 않는 '냉정한 눈'으로 세상을 바라보는 지혜가 있어야 합니다. 여기에서 '냉정한 눈'이란 공평하고 '냉철한 정신'을 말합니다. 마음이 욕망으로 가득하면 번뇌로 인해 시야가 좁아지고 사물에 대한 정확한 판단을 내리지 못합니다. 또한 사람을 대할 때 함부로 말하거나 경솔하게 행동하는 원인은 자신이 최고라는 '아상我相' 때문입니다. 진리에는 '낮고 높음'이 없습니다. '아상'은 자신감이나 능력이 부족할 때 오히려 더 생기는 자기 과시욕입니다. '아상'이 높아지면 냉철하지 못하고 시야가 좁아져서 판단력이 급격하게 떨어지고 또한 공사를 잘 분별하지 못하게 되고 그로 인해 큰 화를 입을 수 있다는 것을 항상 명심해야 합니다.

사람을 믿는 것은 곧 나를 믿는 것이다

사람을 믿는 사람은
설령, 그가 진실하지 않더라도
나만은 그에게 진실하다.
사람을 의심하는 사람은
설령, 그가 속이지 않더라도
이미 나는 그를 속인 것이다.

信人者 人未必盡誠 己則獨誠矣
신 인 자 인 미 필 진 성 기 즉 독 성 의

疑人者 人未必皆詐 己則先詐矣
의 인 자 인 미 필 개 사 기 즉 선 사 의

◈ 대부분은 재산과 명예, 학벌, 행색만을 보고 그 사람의 능력을 판단합니다. 이것은 결코 옳은 견해가 아닙니다. 사람을 만날 때는 선입견이 없어야만 지금 내가 만난 사람이 진실하지 않더라도, 나는 적어도 그에게 진실해지기 때문입니다.

우리는 은연중에 사람을 의심부터 하는 경향이 있습니다. 이 또한 아주 좋지 못한 행동입니다. 그 사람이 나를 속이지 않았더라도, 내가 이미 그를 속인 것과 마찬가지가 됩니다. 이런 사람은 결코 좋은 벗을 곁에 둘 수 없습니다.

새로운 일을 시작할 때는 잘 분석하라

어떤 일을 논의할 때는 먼저 일 밖에서
이로운 것과 해로운 것을 정확히 분석하고,
일을 맡았을 때는 일 속으로 들어가 전념하여
이로운 것과 해로운 것의 생각을 완전히 끊어야 한다.

議事者身在事外 宜悉利害之情
의 사 자 신 재 사 외   의 실 이 해 지 정

任事者身居事中 當忘利害之慮
임 사 자 신 거 사 중   당 망 이 해 지 려

한용운 채근담

◆ 어떤 일을 논의할 때는 항상 한발 물러나 제삼자의 눈으로서 그 일이 정말 나와 세상에 이로운 일인지 해로운 일인지를 심사숙고한 뒤에 자신감이 생기고 확신이 섰을 때 그 일 속으로 들어가도 늦지 않습니다. 일을 맡은 뒤에는 과감하게 오직 그 일에만 집중해야 합니다. 그렇지 않고 사사로운 것에 매이면 일이 크게 잘못될 수도 있습니다. 옛말에 "일을 처음 맡은 사람은 헤매기가 쉽다." 라고 했습니다. 일에 전념한다는 말은 '공사公事'를 잘 구분하여 항상 객관적이고 공평하게 일을 처리한다는 뜻입니다. 특히, 일을 맡기 전과 맡은 후의 책임감은 하늘과 땅 차이라는 것을 명심해야 합니다.

남을 절대로 헐뜯지 말라

사람을 헐뜯고 비웃는 것은
한 조각의 구름이 맑은 해를 가리는 것과 같아서
시간이 흐르면 저절로 밝혀진다.
사람에게 아부하는 것은
창틈으로 불어온 바람이 피부에 닿는 것과 같아서
생각지도 못하는 사이에 큰 손해를 입는다.

讒夫毀士 如寸雲蔽日 不久自明
참 부 훼 사 여 촌 운 폐 일 불 구 자 명

媚子阿人 似隙風侵肌 不覺其損
미 자 아 인 사 극 풍 침 기 불 각 기 손

사람을 헐뜯고 비웃는 건 한 조각의 구름이 맑은 해를 가리는 것과 같습니다. 한 조각의 구름이 지나가면 밝은 햇빛이 대지를 비추듯 시간이 흐르면 진실은 저절로 드러나기 마련입니다.

사람에게 자주 아첨하면 창틈으로 새어든 차가운 바람이 연약한 피부에 닿는 것과 같아서 처음에는 그 고통을 모르지만 결국에는 피부가 손상되기 쉽듯이 아부를 잘하는 사람을 곁에 두면 배신을 잘하기에 반드시 큰 해를 입습니다. 그래서 옛말에 "둔세遁世의 마음을 가진 사람을 곁에 두라."고 했던 것입니다. 여기에서 '둔세'란 비록 우둔하고 미련스러우나 마음만은 진실하다는 뜻입니다.

요즘 헐뜯고 비웃는 것이 일상적이고 꿀물을 바른 것처럼 아부를 일삼는 사람이 너무 많습니다. 이런 세상에서는 우둔하나 충직한 사람을 곁에 두는 것이 오히려 더 나을지도 모르겠습니다.

입은 마음의 문이다

입은 마음의 문이므로

비밀을 엄하게 지키지 않으면 참된 것이 빠져나간다.

의지는 곧 마음의 발이므로

의지를 엄하게 지키지 않으면 사악한 길로 질주한다.

口乃心之門 守口不密 洩盡眞機
구 내 심 지 문 수 구 불 밀 설 진 진 기

意乃心之足 防意不嚴 走盡邪蹊
의 내 심 지 족 방 의 불 엄 주 진 사 혜

◇ 입은 자기 생각을 표현하는 곳으로 곧 '마음의 문'입니다. 마음속에서 일어난 생각이 입을 통해 말로 튀어나오는 것은 마치 사람이 문을 통해 집밖으로 나가는 것과 같기에 엄하게 입을 다스리지 못하면 뜻밖의 낭패를 입게 될지도 모릅니다. 그래서 옛말에 '입 속에 바로 도끼가 들어 있다.'고 했던 것입니다.

'의지'는 자기 생각을 움직이게 하는 발입니다. 본디 사람은 태어날 때 청정하나, 성장하면서 안이비설신의눈,귀, 이, 입, 몸, 생각 '육근六根'에 의해 번뇌가 일어나 '선악善惡'의 분별심이 생기고, 그 의지에 따라 움직이므로 의지는 곧 '마음의 발' 입니다. 그러므로 사람은 입과 의지를 잘 다스려야만 존중받을 수 있습니다.

세상을 등지고 수행하지 마라

출세는 길을 잘 헤쳐서 세상을 살아가는 것이므로
반드시 인연을 끊거나 세상을 등지고 살 이유가 없다.
깨달아 공을 이루는 건 내심을 다지는 것이므로
반드시 욕망을 끊거나 냉정한 마음을 가질 이유가 없다.

出世之道 卽在涉世中 不必絶人以逃世
출세지도 즉재섭세중 불필절인이도세

了心之功 卽在盡心內 不必絶慾以灰心
요심지공 즉재진심내 불필절욕이회심

◈ 수행자들은 세속의 탐욕과 집착을 끊고, 깨달음을 얻기 위해 세속을 떠나 산속에서 주로 정진합니다. 그러나 깨달음이란 것은 장소에 의해 얻어지는 게 아니라 수행자의 자세에 달린 문제일 뿐, 세속의 인연을 끊고 깊은 산중에서 공부한다고 해서 얻어지는 것은 결코 아닙니다. 산중에 은둔하는 건 오히려 염세주의에 빠질 수도 있습니다.

진정한 수행자라면 자신이 어디에 있든지 간에 참구參究 정진하여 내면의 본성인 '요심'을 제대로 밝혀야 합니다. 그렇지 않고 수행자가 시간과 장소 탓만을 하는 것은 '목수가 연장 탓'을 하는 것과 다를 바가 없습니다. 그러므로 수행자가 깨달음을 제대로 구하려면, 연꽃이 진흙 속에서도 아름다운 꽃을 피우듯이 탐욕과 집착이 들끓는 세속에서도 열심히 수행하여야 합니다. 이것이 바로 출세간입니다. 굳이 수행자가 세상과 등져서 수행할 필요가 없다는 말입니다.

제5부

:

마음의 본체

바람과 물결이 고요하고 잔잔할 때
참된 인생의 경계를 보고,
담박한 취미와 희미한 소리가 흐르는 곳에서
자연스럽게 마음의 본체를 깨닫는다.

군자의 도리

군자는 우환과 재난에도 근심하지 않으나
노는 것을 두려워하고 염려한다.
권세와 부자는 두려워하지 않으나
의지할 데 없는 가난한 이를 만나면
놀라듯 애처로운 마음을 드러낸다.

君子處患難 而不憂 當宴遊 而惕慮
군 자 처 환 난 이 불 우 당 연 유 이 척 려

遇權豪 而不懼 對惸獨 而驚心
우 권 호 이 불 구 대 경 독 이 경 심

한용운 채근담

자고로 군자는 우환과 재난이 닥칠 땐 순순히 받아들여 침착하게 대처할 뿐, 크게 근심 걱정하지 않습니다. 우환과 재난을 두려워하면, 회복은커녕 오히려 더 나쁜 결과를 만들 수 있습니다. 또한 군자는 주색酒色의 유혹에 빠지는 것을 경계합니다. 주색에 빠져 경거망동하면 반드시 화를 입게 됩니다. 또한 군자는 권세가나 부자 앞에서는 예의를 다하지만, 비굴하지 않습니다. 왜냐하면 허물이 없어서 스스로 당당하기 때문입니다. 하지만 가난한 사람과 의지할 데 없는 노인을 대하면 마치 자신의 일인 양 도와줄 방법들을 찾습니다. 이것이 군자의 도리입니다.

마음의 본체를 느껴라

바람과 물결이 고요하고 잔잔할 때
참된 인생의 경계를 보고,
담박한 취미와 희미한 소리가 흐르는 곳에서
자연스럽게 마음의 본체를 깨닫는다.

風恬浪靜中 見人生之眞境
풍 염 낭 정 중   견 인 생 지 진 경

味淡聲希處 識心體之本然
미 담 성 희 처   식 심 체 지 본 연

한용운 채근담

삶이 아무리 각박하고 바쁘더라도 한번쯤 시간을 내어 강과 호숫가로 가서 잔잔한 물결을 바라보며 생을 음미해보세요. 모든 사물의 경계가 다 사라져 부처와 중생, 성인과 범부, 지혜와 어리석음의 경계조차 무의미함을 느끼게 될 것입니다. 이것이 참된 인생의 경지입니다.

또한 시끄러운 곳을 피해서 가벼운 산책이나 독서 등 담박한 취미를 즐기는 것도, 번뇌의 원인인 '좋고 싫음, 많고 적음, 높고 낮음'의 분별심을 없애는데 아주 좋습니다. 마음의 본체를 깨닫는데 이보다 더 좋은 취미는 없습니다. 진리는 먼 곳에 있지 않고 늘 생활 속에 있음을 명심하세요.

혼자만 바쁘게 살지 마라

본디 세월은 길고 긴데
바쁜 사람만이 저 혼자서 재촉하고,
본디 세상천지는 넓고 넓은데
마음 좁은 사람만이 저 혼자서 비좁다고 생각하고,
본디 바람과 꽃과 눈과 달은 한가로운데
괴로운 사람이 스스로 저 혼자 바쁘다.

歲月本長 而忙者自促
세 월 본 장 이 망 자 자 촉

天地本寬 而鄙者自隘
천 지 본 관 이 비 자 자 애

風花雪月本閑 而勞攘者自冗
풍 화 설 월 본 한 이 노 양 자 자 용

한용운 채근담

세월에 대해서 한마디로 딱 정의를 내리기는 힘듭니다. 우리가 날마다 마주하는 건 어제와 내일이 아니라 바로 '오늘'입니다. 그런데 사람들은 이미 지나가 버린 과거를 손에 놓지 못하고, 다가오지 않는 미래에 너무 집착합니다. 중요한 것은 '지금, 이 순간'인데도 말입니다. 재촉하듯이 살지 마세요. 세월은 길고 마음의 여유는 생명과도 같습니다. 제발 혼자만 바쁘게 살지 마세요.

세상천지는 한없이 넓은데 좁다고 생각하는 건 자신의 좁은 마음 때문입니다. 마음의 감옥을 스스로 만들지 마세요. 바람과 꽃과 눈과 달은 그지없이 한가로운데 사람만이 욕망과 번뇌로 인해 바쁩니다. 지금부터라도 여유 있는 삶을 즐기세요.

모든 것은 마음에 달려 있다

더위를 반드시 없앨 수는 없으나
덥다는 생각을 머릿속에서 지우면
몸은 항상 서늘한 누각에 있게 된다.
곤궁은 반드시 없앨 수는 없으나
곤궁으로 생긴 근심을 멀리하면
마음은 항상 안락한 곳에 있게 된다.

熱不必除 而除此熱惱 身常在淸涼臺上
열 불 필 제　이 제 차 열 뇌　신 상 재 청 량 대 상

窮不可遺 而遺此窮愁 心常居安樂窩中
궁 불 가 유　이 유 차 궁 수　심 상 거 안 락 와 중

한용운 채근담

고인故人들은 '더우면 더운 대로 추우면 추운 대로 사는 것이 지혜'라고 했습니다. 이 말은 '있는 그대로 세상을 보라.'는 가르침입니다. 그런데 사람들은 조금만 더워도 못 참습니다. 사실, 덥다는 생각을 일으키는 놈은 육신이 아니라 마음입니다. 덥다는 생각을 지우면, 마치 서늘한 누각에 서 있는 것처럼 느껴집니다. 옛 시에 "무더위는 찬바람을 내보낸다大紅爐裏放寒風"는 구절이 있습니다. 더위도 한갓 마음에 달려 있다는 것을 지적한 것입니다.

누구나 곤궁하면 근심에 휩싸입니다. 물론, 곤궁이 괴로움의 원인이 될 수 있으나 그렇다고 정신 건강을 해쳐서는 더욱 안 됩니다. 비록 형편이 어려운 처지에 있더라도 깊은 근심은 건강에도 매우 좋지 않습니다. 그럴수록 내 마음을 안정시키면 곧 편안해집니다. 이렇듯 행복과 불행은 마음 하나에 달려 있습니다.

마음을 비워라

욕망이 가득한 사람은
찬 연못에서도 물이 들끓고
산림 속의 고요함을 느끼지 못한다.
마음을 비운 사람은
무더위 속에서도 시원함을 느끼고
시장통에서도 시끄러움을 알지 못한다.

欲其中者 波沸寒潭 山林不見其寂
욕 기 중 자 파 비 한 담 산 림 불 견 기 적
虛其中者 凉生酷暑 朝市不知其喧
허 기 중 자 양 생 혹 서 조 시 부 지 기 훤

마음이 욕망으로 가득한 사람은 한겨울 차가운 연못 속의 물이 펄펄 끓는 것처럼 들끓는 번뇌로 인해 괴로움이 몰려오기 쉽고 깊은 산속에 있어도 전혀 고요함을 느끼지 못합니다.

반대로 욕망의 그릇을 비운 사람은 폭염 속의 서늘한 바람처럼 만사가 편안해 시장통에서도 전혀 시끄러움을 느끼지 못 합니다. 이렇듯 '더움과 서늘함, 시끄러움과 고요함'은 따로 존재하는 게 아니라 오롯이 자신의 마음이 빚어내는 것입니다. 고로 마음을 비운다는 건, 곧 욕심을 가지지 않는 것이고 바른 공부의 시작입니다.

관 속의 자기를 생각하라

나무는 뿌리로 돌아간 후에야
꽃과 가지와 잎이 헛된 영화였음을 알게 되고,
사람은 관 속에서 뚜껑을 덮은 후에야
자식과 재물이 쓸모없음을 알게 된다.

樹木至歸根而後 知華萼枝葉之徒榮
수 목 지 귀 근 이 후   지 화 악 지 엽 지 도 영

人事至盖棺而後 知子女玉帛之無益
인 사 지 개 관 이 후   지 자 녀 옥 백 지 무 익

뿌리만 남은 나무는 잎과 가지가 무성했던 한여름을 그리워하고, 사람도 죽어서 관 속으로 들어갈 때야 영화榮華와 재물, 심지어 자식조차도 부질없음을 깨닫는 '우치愚癡'를 느낍니다.

인생은 늘 '영욕榮辱'이 교차하기에 무상합니다. 그렇기에 사람은 살아 있을 때 마음을 잘 다스려서 번뇌의 원인인 욕망을 끊어내야 하지만 대부분이 관 속으로 들어갈 때가 되어서야 후회하니 이를 어찌하겠습니까.

이치를 깨쳐라

이치가 바르고 고요하면 사물이 고요하니
사물을 버리고 이치에만 집착하는 건
그림자 없는 형체를 취하는 것과 같다.
마음을 비우면 경계도 비게 되니
경계를 버리고 마음을 버리지 않는 건
냄새가 진동하는 음식 앞에 모여든 모기를 쫓는 것과
같다.

理寂則事寂 遺事執理者 似去影留形
이 적 즉 사 적　견 사 집 리 자　사 거 영 류 형

心空則境空 去境存心者 如聚羶却蚋
심 공 즉 경 공　거 경 존 심 자　여 취 전 각 예

　　　　　　　　　　한용운 채근담

'이치'는 모든 사물의 모태母胎입니다. '이치'가 명확하고 고요하면 사물 또한 저절로 고요해집니다. 그런데 현실을 외면하고 쓸데없는 이상에만 집착하는 건, 사물의 형체만을 남겨두고 그림자를 없애려는 것과 같고 귀신을 쫓는 것과 다를 바가 없습니다.

마음이 환경을 만든다고 합니다. 공허 속에 마음을 두면 환경 또한 공허해집니다. 반대로 환경을 버리고 정작 공허함을 버리지 못한다면, 이 또한 비린 음식들을 모아놓고 파리와 모기를 쫓는 것과 같아서 아무런 효과가 없습니다.

송나라 선비 정명도程明道는 아우 정이천程伊川과 함께 연회에서 술을 마셨습니다. 그날 아우는 형이 기생에 흠뻑 빠져서 노는 걸 보고 못마땅해 집으로 돌아왔습니다. 다음날 아우가 형에게 기생과 논 것을 나무라자 형은 "지금 내 마음속에는 이미 기생이 없는데 어찌하여 아우의 마음속에는 기생이 아직도 들어 있는가?"라고 오히려 나무랐습니다. 정명도는 환경을 버린 뒤 마음을 이미 비워 버렸는데 아우 정이천은 경계는 버렸지만, 마음을 남겨두었던 것입니다.

마음을 잘 다스려라

마음이 넓으면 만종의 여여如如함도
질그릇처럼 하찮게 여겨지고
마음이 좁으면 한 가닥의 머리털도
수레바퀴처럼 크게 느껴진다.

心廣 則萬鍾如瓦缶 心隘 則一髮似車輪
심 광 즉 만 종 여 와 부 심 애 즉 일 발 사 거 륜 사람이 재물과 벼슬에 집착하지 않는 넓은 마음을 가지고 있으면, 만종 같은 높은 벼슬도 한갓 질그릇같이 대수롭지 않게 여기게 됩니다. 반대로 좁쌀 같은 마음을 지니고 있으면, 눈앞의 이익에만 집착하게 되어 머리털같이 극히 작은 물건도 큰 수레처럼 보여 탐하기 쉽습니다. 이렇듯 성공은 마음을 어떻게 잘 다스리는가에 달려 있습니다.

자기 분수에 맞게 살라

분수에도 없는 복과 뜻하지 않은 횡재는
조물주의 낚싯밥이 아니면
세상의 인간들이 만들어 놓은 함정이다.
이런 환경 속에서 살면서 안목이 높지 않으면
거짓된 술수에 빠지지 않을 사람은 거의 없다.

非分之福 無故之獲
비 분 지 복 무 고 지 획

非造物之釣餌 卽人世之機阱
비 조 물 지 조 이 즉 인 세 지 기 정

此處着眼不高 鮮不墮彼術中矣
차 처 착 안 불 고 선 불 타 피 술 중 의

한용운 채근담

미끼로 낚시하는 것처럼, 만물이 행운과 복을 먼저 던져 줄 때가 있습니다. 이때 가장 경계해야 할 것은, 게으름과 교만함입니다. 만약, 이를 소홀히 한다면 만물이 큰 화를 줍니다. 또한 아무런 노력 없이 찾아오는 복과 횡재는 오히려 자기를 더 큰 함정에 빠뜨릴 수도 있기에 이를 경계해야 합니다. 성공하려면 자기 분수를 지키되 사물을 보는 안목과 지혜를 길러야 합니다.

기개와 절개를 잘 다스려라

재주와 지혜가 있고 영민한 사람은
마땅히 학문으로 조급함을 다스려야 하고,
기개와 절개가 넘치는 자는
마땅히 덕성으로 편협함을 융화시켜야 한다.

才智英敏者 宜以學問攝其躁
재 지 영 민 자 　의 이 학 문 섭 기 조

氣節激昻者 當以德性融其偏
기 절 격 앙 자 　당 이 덕 성 융 기 편

자신의 재능을 너무 믿는 사람은 오히려 실수를 많이 합니다. 재능은 한갓 기술에 불과하기에 그럴수록, 많이 배우고 공부해야 합니다. 조급함은 주위를 천천히 살피면서 가는 것만 못합니다. 기개와 절개가 지나치게 넘치는 사람은 자만심과 의협심이 강해 자칫 한쪽으로 편협된 시각을 지니기 쉬우므로 기개와 절개를 잘 융합해 덕을 쌓는 공부를 해야 합니다.

스스로 함정에 빠지지 말라

원수가 쏜 화살은 피하기가 쉽고
은혜를 준 사람이 던지는 창은 막기 힘들다.
힘들 때 당한 함정은 피하기가 쉽고
기쁠 때 당한 함정은 벗어나기 어렵다.

仇邊之弩 易避 恩裏之戈難防
구 변 지 노 이 피 은 리 지 과 난 방

苦時之坎 易逃 樂處之阱難脫
고 시 지 감 이 도 낙 처 지 정 난 탈

한용운 채근담

원수지간은 늘 경계하므로 상대가 쏜 화살을 피하기가 쉽습니다. 하지만 도움을 준 사람이 쏜 창은 막기 힘든 게 세상의 이치입니다. 왜 그럴까요? 물론, 공사公私를 잘 구분하면 문제가 되지 않겠지만 그게 쉬운 일이 아닙니다. 도움을 받으면 그에 대한 대가가 반드시 따름으로 함부로 도움받아서도 안 됩니다.

또한 힘들 때 당한 함정은 쉽게 헤어날 수 있으나, 정작 즐겁고 기쁠 때 누군가가 파놓은 함정에 빠지게 되면 좀처럼 벗어나기 힘듭니다. 왜 그럴까요? 부귀공명에는 시기와 질투가 항상 따름으로 자기도 모르게 함정에 빠질 수 있습니다. 그러므로 사람은 영화로울 때 스스로 물러나는 방법도 지혜입니다. 이를 깊이 생각하면 인생의 참뜻을 제대로 느낄 수 있습니다.

일이 잘 풀릴 때일수록
어려움에 닥칠 때를 대비하라

일이 잘 풀릴 때는 안 풀릴 때를 항상 잘 대비하면
뜻밖의 변고를 막을 수 있고,
일이 잘 안 풀릴 때는 잘 풀릴 때처럼 잘 진정하면
종극에는 찾아온 위기를 잘 막을 수 있다.

無事 常如有事時隄防 纔可以彌意外之變
무 사 　상 여 유 사 시 제 방 　재 가 이 미 의 외 지 변

有事 常如無事時鎭定 方向以銷局中之危
유 사 　상 여 무 사 시 진 정 　방 향 이 소 국 중 지 위

대개 일이 잘 풀릴 때는 한가롭게 지내다가 뜻밖의 변고를 당하면, 그제야 허겁지겁 대처하려고 하나 그때는 이미 늦습니다. 평소에 어려울 때를 예상하여 미리 대비하는 습관을 지니면 능히 어려움을 헤쳐 나갈 수 있습니다. 일이 잘 안 풀릴 때는 잘 풀릴 때처럼 마음을 진정시키면 종극에는 그 어떤 위기도 능히 헤쳐나갈 수 있습니다. 이것이 삶의 지혜입니다.

원인 없는 일은 없다

나방이 불 앞에서 날개 치면 불이 나방을 불태우니
화가 생긴 원인이 없다고 말하지 말라.
씨 심은 자리에서 꽃이 피고
꽃 핀 자리에서 열매가 맺히니
복이 굴러오는데도 그 원인이 있음을 명심하라.

蛾撲火 火焦蛾 莫謂禍生無本
아 박 화 화 초 아 막 위 화 생 무 본

果種花 花結果 須知福至有因
과 종 화 화 결 과 수 지 복 지 유 인

나방이 날아다니다가 등불에 스스로 달려들면 불은 당연히 나방을 태웁니다. 이것은 이유 없는 죽음이 아닙니다. 재앙도 이와 같아서 악의 원인을 심어서 스스로 불러들인 것입니다. 씨를 심어둬야 꽃이 피고 열매가 자라듯이 반드시 원인이 있어야 결과가 있습니다. 행복의 씨앗을 심지 않고 어떻게 복을 기대할 수 있겠습니까.

바쁘게 살지 말라

큰 공과 원대한 계획들은
마음이 안정되고 여유로운 사람에게서 나오므로
반드시 바쁘게만 살 필요가 없다.
즐거운 징조와 큰 복은 너그럽고 인심 후한 집에 모
여듦으로
어찌 각박하게 남을 대할 수 있겠는가.

大烈鴻猷 常出悠閑鎭定之士 不必忙忙
대 열 홍 유　상 출 유 한 진 정 지 사　불 필 망 망

休徵景福 多集寬洪長厚之家 何須瑣瑣
휴 징 경 복　다 집 관 홍 장 후 지 가　하 수 쇄 쇄

한용운 채근담

'바쁠수록 돌아가라.'는 격언이 있듯이 매사에 마음이 여유롭고 안정된 사람들은 미래를 잘 준비하여 뜻밖의 재난이 닥쳐도 허둥대지 않고 대비를 잘합니다. 또한 도량이 넓고 성품이 온화하고 후덕한 인정을 가지면 저절로 복이 찾아오고 집안에 좋은 일들이 많아집니다. 무슨 일이든 서둘지 말고 전후를 잘 살펴서 시작해야 합니다.

소식小食을 실천하라

보리로 지은 밥과 콩나물로 차린
간소한 식사를 한 뒤
수저를 내려놓으면 입속이 향기롭다.

麥飯豆羹淡滋味 放著處 齒頰猶香
맥 반 두 갱 담 자 미 방 시 처 치 협 유 향

한용운 채근담

'비만은 만병의 원인'이라고 합니다. 그만큼 음식조절은 건강에 매우 중요합니다. 요즘 사람들은 내장의 독소들을 없애고 죽은 세포들을 살리는 다이어트 방법이라고 해서 간헐적 단식을 많이 합니다. 그러나 지나친 단식은 오히려 비만을 일으키는 원인이 되므로 차라리 간소한 식사가 건강에 좋습니다. 그리고 입안이 향기로워지려면, 입 속의 말도 잘 다스려야 합니다. 쓸데없는 말과 과한 음식은 입안을 더럽히는 독소와도 같습니다.

한가할 때 조심하라

한가할 때 낭비하지 않으면
바쁠 때 큰 도움이 되며
고요할 때 공허에 빠지지 않으면
일할 때 큰 도움이 되며
어두울 때 남을 속이지 않으면
밝을 때 큰 도움이 된다.

閑中不放過 忙中有受用
한 중 불 방 과　망 중 유 수 용

精中不落空 動中有受用
정 중 불 락 공　동 중 유 수 용

暗中不欺隱 明中有受用
암 중 불 기 은　명 중 유 수 용

한가하다고 해서 일하지 않고 시간을 헛되게 보내면 정작 바쁠 때는 당황할 수 있습니다. 평소에 할 일들을 찾아서 사전에 점검해 두면 아무리 바쁜 일이 생겨도 능히 해낼 수 있습니다. 시간은 누구에게나 공평하게 주어집니다. 그 시간을 어떻게 유용하게 쓰느냐 그렇지 않느냐에 따라서 성공과 실패가 갈라집니다.

또한 적적하다고 해서 혼자 망상에만 몰두하면 번뇌에 휩싸이거나 무기력증이 찾아올 수 있으므로 조심해야 합니다. 지나친 공허는 때론 우울증을 동반하기도 합니다.

진실한 사람은 남이 없는 곳에서도 법을 잘 지키고 자기에게 최선을 다합니다. 어두울 때 남이 볼 수 없다고 해서 남을 속이는 것은, 참된 인격의 소유자가 아닙니다.

원만하고 관대하라

항상 원만한 마음으로 세상을 바라보면,
천하의 결함들이 스스로 사라진 세상이 되고
항상 관대한 마음으로 평화롭게 세상을 바라보면
천하의 험악했던 인정들도 스스로 사라진다.

此心常看得圓滿 天下自無缺陷之世界
차 심 상 간 득 원 만   천 하 자 무 결 함 지 세 계

此心常放得寬平 天下自無險側之人情
차 심 상 방 득 관 평   천 하 자 무 험 측 지 인 정

'삼계유심三界唯心'이라는 고사성어가 있습니다. 삼계의 일체법은 모두 어리석은 '무명無明'에 의해 빚어진 거짓된 것으로 오직 마음 하나에 달려 있다는 말입니다.

　사람은 동물과 달리 도덕과 법을 지키는 '인격체'입니다. 그러므로 '인격'은 '성품'을 결정하는 중요한 요소이므로 모두가 원만하고 관대한 인격을 가지고 있으면 전혀 다툴 일이 생기지 않게 되고 그로 인해 세상의 결함들이 사라질 것입니다.

우주는 영원하다

돌이 부딪쳐서 빛이 이는 찰나에도
길고 짧음을 다투니
어찌 긴 세월이 아니겠는가.
달팽이 뿔도 영웅을 가리니
어찌 큰 세계가 아니겠는가.

石火光中 爭長競短 幾何光陰
석 화 광 중　쟁 장 경 단　기 하 광 음

蝸牛角上 餃雌論雄 許大世界
와 우 각 상　교 자 논 웅　허 대 세 계

불교에서는 시간을 매우 중요하게 여깁니다. 그 중 찰나는 아주 짧은 시간을 의미합니다. 짧은 명주실을 날카로운 칼로 자르는데 걸리는 시간은 단 64 찰나인데 현대적인 시간으로 환산하면, 대략 75분의 1초로 0.013초 라고 합니다. 그리고 생멸生滅이 이러한 찰나에 갈린다고 하니 참으로 의미심장합니다. 돌이 맞부딪쳐 불꽃이 이는 순간도 찰나이니 인생 백년이 결코 짧은 것이 아닙니다. 이 러한 귀중한 시간을 무의미하게 보내는 것은 낭비입니다.

『장자』에서는 "달팽이의 왼 뿔에 촉씨觸氏라는 나라가 있고, 오른 뿔에 만씨蠻氏라는 나라가 있다. 두 나라가 가 끔 땅을 차지하기 위해 싸우니, 시체가 수만이고 패주하 는 적을 쫓다가 보름 후에는 다시 도로 쫓긴다."라고 했습 니다. 달팽이 뿔 같은 좁은 세상에서도 인간이 이해득실 을 따져 싸우는 것을 두고 한 우화입니다. 장자는 좁은 달 팽이 뿔 같은 곳에서 인간들이 서로 자웅을 겨루고 있으 니 얼마나 한심했겠습니까.

욕정을 잘 다스려라

욕정이 불길처럼 일어나도 병들 때를 생각하면
흥미가 식은 재처럼 사라지고
명예와 이익이 엿처럼 달아도 죽음을 생각하면
그 맛이 쓰디쓴 밀랍을 씹는 것과 같으며,
그러므로 사람이 죽음과 병을 항상 생각하면
부질없는 환과 업을 없애고
진실한 길을 따르는 마음을 가지게 된다.

色慾火熾 而一念及病時 便興似寒灰
색 욕 화 치 이 일 념 급 병 시 편 흥 사 한 회

名利飴甘 而一想到死地 便味如嚼蠟
명 리 이 감 이 일 상 도 사 지 편 미 여 작 랍

故人常憂死慮病 亦可消幻業 而長道心
고 인 상 우 사 여 병 역 가 소 환 업 이 장 도 심

누구나 늙으면 병들고 죽습니다. 이렇듯 사람의 생로병사는 피할 수 없는 필연입니다. 이를 생각하면 욕정도 명예도 재물도 밀랍처럼 쓰기 마련입니다. 사람이 생로병사를 염두에 두면, 오욕락인 색욕, 식욕, 수면욕, 명예욕, 재물욕이 부질없는 것임을 깨닫게 될 것입니다. 진정한 도의 길은 오욕락을 멀리하는데 있습니다.

명예와 재물을 탐하지 말라

내가 영화를 바라지 않으면

어찌 이익과 재물의 유혹을 근심하겠는가.

내가 출세를 위해 경쟁하지 않으면

어찌 관직의 위험을 걱정하겠는가.

我不希榮 何憂乎利祿之香餌
아 불 희 영   하 우 호 이 록 지 향 이

我不競進 何畏乎仕官之危機
아 불 경 진   하 외 로 사 관 지 위 기

동서고금을 살펴보면, 재물과 벼슬에 눈이 멀어 신의信義와 충忠을 잃고 사라진 인물들이 많습니다. 한때의 '영화'는 형체 없는 그림자와 같고, 번갯불과 같고 그저 환영에 불과합니다. 이를 깨달으면 큰 어려움이 닥쳐도 능히 자신을 지킬 수 있습니다. 청렴은 선비가 가져야 할 최고의 덕목德目입니다. 영화에 집착하지 않고 주어진 것에 감사하면, 천금千金의 유혹에도 전혀 마음이 흔들리지 않습니다.

중국 한나라 병서『삼략三略』엔 '향기 나는 미끼 아래에는 반드시 죽은 물고기가 있고, 후한 상償 뒤에는 영웅이 있다.'라고 했습니다. 또 '물고기 잡는 도구엔 향기로운 미끼가 최고이듯, 사람을 낚는 미끼로는 이익과 재물이 최고'라는 격언도 있습니다. 노력 없이 얻은 영화와 재물은 한갓 물거품과 다름없음을 잊지 말아야 합니다.

집착을 내려놓아라

명예와 부귀를 좇는 마음을 버리면
범속한 세상을 벗어날 수 있으며
도덕과 인의를 좇는 마음을 내려놓으면
비로소 성인의 경지에 이를 수 있다.

放得功名富貴之心下 便可脫凡
방 득 공 명 부 귀 지 심 하 편 가 탈 범

放得道德仁義之心下 纔可入聖
방 득 도 덕 인 의 지 심 하 재 가 입 성

한용운 채근담

누구나 부귀영화를 꿈꾸지만 쉽게 얻어지는 것이 아닙니다. 명예와 재물은 할 일을 찾아서 최선을 다할 때 덤으로 얻어지는 것입니다. 그런데 사람이 너무 부귀영화에 집착하면 큰 곤욕을 당할 수도 있습니다.

공자孔子는 "일흔일 때에는 마음이 이끄는 대로 하더라도 정도를 넘지 않는다."라고 했습니다. 즉 일흔에는 어떤 행동을 하더라도 인과 도덕에 전혀 구애받지 않는다는 뜻입니다.

일흔은 삶에 애착하는 나이가 아니라 관조할 때입니다. 관조의 삶을 살면, 자연스럽게 집착과 탐욕이 사라집니다. 진정한 성인의 경지에 도달하려면 인의와 분별심, 심지어 도덕심조차 모두 초월해야 합니다.

제6부

:

평상심平常心이
곧 도道다

몸이 태산과 구정九鼎처럼
확고한 신념을 가지고 있으면,
저절로 실수하는 일이 줄어든다.
꽃지고 물이 흐르는 것처럼
여유를 가지고 일을 대하면
매사에 흥미가 넘칠 것이다.

강한 사람이 되라

나 자신이 큰 화로와 거대한 대장간이 되면
어찌 단단한 무쇠를 녹이지 못할까 걱정하겠는가.

我果爲洪爐大治 何患頑金鈍鐵之不可陶鎔
아 과 위 홍 로 대 치   하 환 완 금 둔 철 지 불 가 도 용

한용운 채근담

대장간의 화로가 금과 무쇠를 녹이듯 거대한 화로처럼 강한 사람이 되어 위엄과 덕을 스스로 갖춘다면, 이 세상에 무서워할 것도 없고, 남을 원망할 필요도 없습니다. 중요한 것은 열심히 노력하여 스스로 강한 사람이 되는 것입니다.

지나친 애증을 갖지 말라

군자는 세상을 살면서
남에게 즐거움과 화를 쉽게 드러내지 말아야 한다.
즐거움과 화를 쉽게 드러내면
남이 나의 속마음을 모두 알게 된다.
외부 사물에 대해 사랑과 증오를 지나치게 품지 말아야 한다.
사랑과 증오가 지나치면 정신과 뜻이
외부 사물의 지배를 받게 된다.

士君子之涉世
사 군 자 지 섭 세

於人不可輕爲喜怒 喜怒輕 則心腹肝膽 皆爲人所窺
어 인 불 가 경 위 희 노 희 노 경 즉 심 복 간 담 개 위 인 소 규

於物不可重爲愛憎 愛憎重 則意氣精神 悉爲物所制
어 물 불 가 중 위 애 증 애 증 중 즉 의 기 정 신 실 위 물 소 제

한용운 채근담

군자는 즐거움과 화를 밖으로 표현하는 것을 경계해야 합니다. 속마음을 너무 쉽게 드러내면 남에게 가볍게 보여 역공의 빌미를 줄 수 있으므로 즐거움과 화를 잘 다스려야 합니다. 또한 군자는 외부 사물에 대해서도 지나친 애증을 가지지 말아야 합니다. 뜻과 의지가 겉으로 드러나 오히려 외부 사물에게 지배받을 수 있습니다.

신념을 가져라

몸이 태산과 구정九鼎처럼
확고한 신념을 가지고 있으면,
저절로 실수하는 일이 줄어든다.
꽃지고 물이 흐르는 것처럼
여유를 가지고 일을 대하면
매사에 흥미가 넘칠 것이다.

持身 如泰山九鼎 凝然不動 則愆尤自少
지신　여태산구정　응연부동　즉건우자소

應事 如流水落花 悠然而逝 則趣味常多
응사　여류수락화　유연이서　즉취미상다

태산은 중국에 있는 다섯 개의 명산名山 중의 하나이고, 구정은 하夏나라 때의 우왕禹王이 중국에 있는 모든 쇠붙이를 끌어모아서 만든 큰솥으로써 둘 다 웅장하여 세상의 힘으로는 도저히 움직일 수 없는 것들입니다. 태산과 구정처럼 무겁고 정중하게 유지하고 마음을 꽂지고 물 흐르는 것처럼 세상을 관조하듯 여유를 지니면 그 어떤 난관이 닥쳐도 흔들리지 않음은 물론, 흥미도 배가 됩니다. 이것이 성공의 지름길입니다.

벗을 사귈 때는 신중하라

군자는 항상 바위처럼 엄격하여
남과 친해지는 것을 두렵게 여기고
귀한 구슬조차 괴물로 여기므로
그에게 흑심의 칼을 품는 사람이 적지 않다.
소인은 미끄러운 기름처럼 교활해
남과 쉽게 영합하는 것을 즐긴다.
유해한 독도 단 엿처럼 생각하여
손가락에 묻혀보고자 하는 사람이 적지 않다.

君者嚴如介石 而畏其難親
군 자 엄 여 개 석 이 외 기 난 친

鮮不以明珠爲怪物 而起按劒之心
선 불 이 명 주 위 괴 물 이 기 안 검 지 심

小人滑如脂膏 而喜其易合
소 인 골 여 지 고 이 희 기 역 합

鮮不以毒螫爲甘飴 而縱染指之欲
선 불 이 독 석 위 감 이 이 종 염 지 지 욕 종 군자는 의지가 바위처럼 굳어서 원대한 마음과 곧은 생각으로 자신에게 항상 엄격하여 쉽사리 행동하지 않습니다. 벗을 사귈 때도 매우 신중해 친해지는 걸 무척 두려워하나 한번 벗으로 사귀게 되면, 우정 또한 절대로 변하지 않습니다. 또한 군자는 재물을 쓸모없는 물건이나 괴물로 여기기에 시기와 질투하는 자가 많습니다. 반대로 소인배는 교활하고 아첨하기를 좋아해 뜻이 맞는 자들과 쉽게 영합하지만, 미끄러운 기름처럼 헤어지기도 쉬우므로 친밀한 정을 맺었다가는 나중에 큰 화를 입을 수 있습니다. 이는 독毒을 엿으로 여기고 손가락에 묻혀 단맛을 보려는 것과 같습니다. 그러므로 벗을 사귈 때는 항상 신중해야 합니다.

외부 환경에 쉽게 마음이 흔들리지 마라

세상을 바르게 살아가려면 외부 환경에 따라 수시로
마음을 바꿔서는 안 된다.

뜨거운 불꽃이 무쇠를 녹일지라도 바람처럼 굳건해
야 하며

차가운 서리가 만물을 시들게 할지라도 바람처럼 부
드럽고 따뜻해야 하며

흐린 하늘에 갑자기 폭우가 내릴지라도 밝은 해가
비치는 것처럼 해야 하며

거친 파도가 바다를 뒤엎더라도 지주처럼 우뚝 솟아
있어야 한다.

이것이야말로 진실한 우주적 인품이라 할 수 있다.

持身涉世 不可隨境而遷
지 신 섭 세 불 가 수 경 이 천

須是大火流金 而淸風穆然 嚴霜殺物 而和氣藹然
수 시 대 화 유 금 이 청 풍 목 연 엄 상 살 물 이 화 기 애 연

陰霾翳空 而慧日郞然 洪濤倒海 而砥柱屹然
음 매 예 공 이 혜 일 랑 연 홍 도 도 해 이 지 주 흘 연

方是宇宙的眞人品
방 시 우 주 적 진 인 품

한용운 채근담

세상을 바르게 처신하려면, 내 마음을 외부 환경에 따라서 수시로 바꾸어서는 안 됩니다. 무쇠와 돌이 뜨거운 불꽃에 녹아내리는 듯 자신에게 고통스러운 일이 생기더라도 한번 결심한 것은 한 자락 맑은 바람처럼 굳건해야 하고. 늦가을 찬 서리가 만물을 시들게 하듯이 좋지 않은 일이 있더라도 따뜻한 봄기운처럼 마음을 편안하게 유지해야 합니다. 맑은 하늘에 갑자기 폭우가 내리고 천둥이 치듯 전혀 예측할 수 없는 일이 생기더라도 태양처럼 항상 밝은 지혜를 갖추도록 노력해야 합니다.

우리 인생은 바다와도 같습니다. 겉으로 보면 바다는 한없이 평온한 듯 하지만, 거친 파도가 끊임없이 몰아칩니다. 이처럼 환경이 수시로 변한다고 할지라도 천지에 우뚝 솟은 큰 산처럼 마음이 흔들려서는 안 됩니다. 이것이야말로 환경의 변화에도 움직이지 않는 우주적 진실한 인품이라 하겠습니다.

화를 복으로 바꾸는 지혜

남을 헐뜯는 것은 좋지 않은 일이며 비방 받은 사람은
비방을 받을 때마다 깊이 참회하며
나쁜 것은 버리고 좋은 것은 키워야 한다.
남을 속이는 것은 복 받을 일이 아니다.
남에게 속은 사람은 속았을 때마다 도량을 키워
화를 복으로 바꾸는 계기로 삼아야 한다.

毁人者不美 而受人毁者遭一番訕謗
훼 인 자 불 미   이 수 인 훼 자 조 일 번 산 방

便加一番修省 可以釋惡 而增美
편 가 일 번 수 성   가 이 석 악   이 증 미

欺人者非福 而受人欺者遇一番橫逆
기 인 자 비 복   이 수 인 기 자 우 일 번 횡 역

便長一番器宇 可以轉禍爲福
편 장 일 번 기 우   가 이 전 화 위 복

남을 헐뜯거나 비방하는 행동은 좋지 않습니다. 또한 남에게 비방을 들은 사람은 이를 계기로 잘못을 뉘우쳐 자신에게 이익되도록 고쳐야 합니다. 그래야만 남의 비방에서 벗어날 수 있고 자기 성찰의 기회가 됩니다.

　남을 속이는 행동은 좋지 않습니다. 반대로 남에게 속은 사람은 부덕의 소지를 깨달아 자기를 단련하는 계기로 삼아야 합니다. 속은 것에 대한 화를 키우는 것보다 도량을 넓혀 화를 복으로 바꾸는 것이 좋습니다.

자만심을 버려라

어려운 환경에서도 남에게 교만한 자세를 가지는 것은
비록, 허세에 지나지 않으나 그래도 조금의 협기는
있다.
영웅이 세상을 기만하는 것은
비록, 위풍당당한 것처럼 보이나 조금의 진심도 없다.

貧賤驕人 雖涉虛憍 還有幾分俠氣
빈 천 교 인 　 수 섭 허 교 　 환 유 기 분 협 기

英雄欺世 縱似揮霍 全沒半點眞心
영 웅 기 세 　 종 사 휘 사 　 전 몰 반 점 진 심

어려운 환경에 처한 사람이 기개를 앞세워 교만한 행동을 하는 것은, 아첨이나 굽실거리는 것과는 다른 의협심이기에 이런 사람을 대할 때는 상대방의 허세를 약간은 인정해주는 것이 좋습니다. 그래야 그 사람이 의욕을 잃지 않습니다.

하지만 영웅이 능력을 과신하여 남을 기만하는 것은 빈천한 사람이 허세를 부리는 것과는 그 상황이 다릅니다. 자신을 대단하게 보이고 싶은 욕망이 앞서 그 속에는 진실한 마음이 티끌조차 담겨 있지 않을 수도 있습니다. 그러므로 영웅일수록 말과 행동을 항상 조심해야 합니다.

진실한 마음을 가져라

육체의 허무함을 바로 알면

모든 만물이 공허함을 깨닫게 되어

자신의 마음도 쓸모없이 비어 있게 된다.

마음이 비어 있으면 의리가 들어와 살게 된다.

성품과 천명으로서의 나를 제대로 인식하면

모든 이치가 다 갖추어져 마음이 항상 진실해진다.

마음이 진실하면 물욕이 감히 들어오지 못 한다.

軀殼的我 看得破 則萬有皆空
구 각 적 아 간 득 파 즉 만 유 개 공

而其心常虛 虛則義理來居
이 기 심 상 허 허 즉 의 리 래 거

性命的我 認得眞 則萬理皆備
성 명 적 아 인 득 진 즉 만 리 개 비

而其心常實 實則物慾不入
이 기 심 상 실 실 즉 물 욕 불 입

사람이 죽으면 한 줌 흙으로 돌아가는 육신의 허무함을 제대로 알게 되면, 모든 만물의 공허함을 깨닫게 됩니다. 사람이 재욕과 명예에 지나친 집착을 보이는 건 고깃덩어리에 불과한 육신이 영원할 것이라는 착각 때문입니다. 하지만 마음은 청정한 본성을 지니고 있습니다. 그러므로 마음을 깨끗이 비워 항상 진실함을 추구하면 재욕과 명예욕은 자연스럽게 사라지게 됩니다. 그렇지 못하고 사람이 본성과 천명의 이치를 모르고 오직 육신의 쾌락만을 탐한다면 악의 구렁텅이에 빠지게 됩니다.

사람의 감정은 창이고 인식은 칼이다

흐르는 구름과 안개 속에서도
참모습이 있음을 알게 되면
그 형체에 질곡이 있음을 깨닫게 되고,
짐승과 새 울음소리 속에서 자성이 있음을 알면
감정과 인식이 창과 칼임을 비로소 깨닫게 된다.

雲煙影裡 現眞身 始惡形骸爲桎梏
운 연 영 리   현 진 신   시 오 형 해 위 질 곡

禽鳥聲中 聞自性 方知情識是戈矛
금 조 성 중   문 자 성   방 지 정 식 시 과 모

한용운 채근담

흐르는 구름과 안개는 형체가 고정되어 있지 않은 무형無形이나 그것만의 참모습이 있습니다. 그러나 인간의 육신은 세월이 흐르면 늙고 병드는 유형의 존재입니다. 이를 제대로 알면, 우주가 '공空'으로 꽉 차 있음을 마침내 깨닫게 됩니다. 여기에서 '공'의 개념은 사라지는 게 아니라 새로운 창조를 의미합니다. 왜냐하면 구름과 안개는 영겁이 흘러도 결코 사라지는 것이 아니므로 그 자체가 바로 '공'이지만 인간의 육신은 죽으면 한 줌 흙으로 사라지는 존재에 지나지 않습니다. 또한 깨달음의 본체인 '자성自性'은 늘 텅 비어 있기에 사람에게만 있는 게 아니라 개와 새, 짐승들에게도 있습니다. 이러한 만물의 이치를 알게 되면, 사람의 감정과 인식이 날카로운 창칼이 되어 서로 겨누고 있음을 알게 되고 그것이 얼마나 부질없는가를 비로소 깨닫게 됩니다.

잘못된 한 생각이 모든 잘못의 원인이다

한 생각을 잘못하면,
백 가지의 행동도 잘못되기 쉽다.
이것을 완전하게 예방하기 위해서는
바다를 건너기 위해 만든 공기空氣 배를
바늘구멍도 없이 만들어야 한다.
만 가지의 선함을 갖추고 있어야만
일생에 부끄러움이 없게 된다.
마음을 닦을 때는 구름을 찌를 듯 키 큰 나무가
작은 나무들이 온전하게 기댈 수 있도록 해야 한다.

一念錯 便覺百行皆非
일 념 착 편 각 백 행 개 비

防之當如渡海浮襄 勿容一針之罅漏
방 지 당 여 도 해 부 양 물 용 일 침 지 하 루

萬善全 始得一生無愧
만 선 전 시 득 일 생 무 괴

修之當如凌雲寶樹 須假衆木以撐持
수 지 당 여 릉 운 보 수 수 가 중 목 이 탱 지

한용운 채근담

맨 처음 일어난 한 생각이 모든 행동을 좌지우지합니다. 처음했던 한 생각이 잘못되면 그 이후의 일들도 잘못되기가 쉽습니다. 마치 바늘구멍이 난 튜브가 금방 물속으로 가라앉듯이 매사에 신중하고 빈틈없이 일을 처리하는 습관을 길러야 합니다. 만 가지의 일 중에 단 한 가지라도 잘못된 일이 생기면, 오점으로 남는 것이 바로 인생입니다. 또한 수행자는 언제나 '선善'을 깊이 생각하되, 작은 나무들이 온전히 기댈 수 있는 큰 나무가 될 수 있도록 부단하게 정진해야 합니다.

죽음을 안다면 화날 일이 하나도 없다

동해에 이는 파도가 일정하다는
말을 들어본 적이 없으니
세상사 화낼 일이 있겠는가.
북망산에 빈 땅이 남아 있다는 것을
본 적이 없으니
우리 인생에 찡그릴 일 하나도 없다.

東海水 會聞無定波 世事何須扼腕
동해수 회문무정파 세사하수액완

北邙山 未省留閒地 人生且自舒眉
북망산 미성유한지 인생차자서미

동해의 파도는 쉼 없이 몰아치는 '만파萬波'입니다. 파도처럼 세상의 일이 모두 변화무쌍하다고 생각한다면 화낼 일이 어디 있겠습니까. 즐거운 날이 있으면, 슬픈 날이 있고, 슬픈 날이 있으면 즐거운 날이 있는 것이 인생입니다. 누구든지 태어나면 반드시 죽습니다. '북망산北邙山'에는 무덤들이 많아서 빈 땅이 하나도 남아 있지 않습니다. 이처럼 언젠가는 죽는다는 사실을 모두가 깨닫는다면 죽음을 걱정할 필요도 없고 후회할 일도 없습니다. 중요한 것은 '지금 나에게 주어진 이 순간'을 즐겁게 사는 것이 바로 행복이 아닐까요.

자신을 꾸미지 말라

초연하거나 한가한 척하는 것은
스스로 자기를 높이기 위한 것일 뿐인데,
어찌 겉치레를 위해 꾸미는가.
본디 청아함과 강한 기골은
남의 관심을 끌 이유가 전혀 없는데,
예쁜 연지를 바르기 위해
많은 돈과 노력을 들일 필요가 없다.

逸態閒情 惟期自尙 何事外修邊幅
일 태 한 정 유 기 백 상 하 사 외 수 변 폭

淸標傲骨 不願人憐 無勞多費胭脂
청 표 오 골 불 원 인 련 무 로 다 비 연 지

주위를 둘러보면 간혹, 세상사에 초연하다고 말하는 사람들이 더러 있습니다. 이것은 자신이 세상의 그 어떤 영리에도 휩쓸리지 않고 유유자적한 성품을 가지고 있음을 남들에게 보여주기 위한 쇼에 불과합니다. 본디, 강한 기골과 맑은 마음을 가진 사람은 굳이 스스로 말하지 않더라도 겉모습에서 다 드러나므로 여자가 예뻐 보이기 위해 화장을 하는 것처럼, 애써 돈과 노력을 들일 필요가 없습니다. 사람이 초연한 척하거나 유식한 말로 치장하는 건 사기꾼들이나 하는 짓입니다. 강한 사람은 스스로 당당합니다.

재물에 너무 집착하지 말라

누추한 집에 살더라도
그 속에서 여유로운 마음을 가지면
비록 보고 듣는 것이 한정되어도
정신과 마음은 저절로 넓어진다.
산골 노인과 함께 살다 보면
예의와 교양은 부족해지지만
뜻과 신념은 항상 진실하게 된다.

棲遲蓬戶 耳目雖拘 而神情自曠
서 지 봉 호　이 목 수 구　이 신 정 자 광

結納山翁 儀文雖略 而意念常眞
결 납 산 옹　의 문 수 략　이 의 념 상 진

누추한 집에 몸을 눕히고 살더라도 마음속에 여유를 가지고 산다면. 오히려 정신건강에는 더 좋습니다. 방이 수십 개나 되는 화려한 저택에서 살아도 마음의 여유가 없고 걱정거리가 많다면, 초가집에 사는 것보다 훨씬 못합니다. 또한 배움과 교양이 없고, 비록 가진 것이 없어도 정 많은 산골 노인들이 욕심 많은 도시인보다 더 진실합니다. 행복은 부귀영화에 있는 게 아니라 어떤 마음으로 사느냐에 달려 있습니다.

세상을 내 손안에 담아라

만물의 조화를 아이처럼 가볍게 여겨
그 조화에 희롱당하지 말아야 한다.
천지를 한 덩이의 흙처럼 여겨
내 손안에 담아야 한다.

造化喚作小兒 切莫受渠戲弄
조 화 환 작 소 아 절 막 수 거 희 롱

天地丸爲大塊 須要任我爐錘
천 지 환 위 대 괴 수 요 임 아 로 추

한용운 채근담

천진난만한 아이들이 만물의 조화에 대해 전혀 관심이 없듯이 모름지기 큰 뜻을 품은 군자는 천지개벽이 일어난다고 해도 그에 영향을 받거나 조금도 마음이 흔들려서는 안 됩니다. 중요한 것은 자기 신념입니다. 스스로 만족할 만한 노력과 수행을 통해 지혜를 증득한다면. 어찌 만물의 조화에 두려움이 있을 수 있겠습니까. 그러므로 군자라면, 이 세상을 자기 손안에 넣을 수 있는 기상을 스스로 길러야 합니다.

인생의 독약

귀에는 항상 거슬리는 말이 있고
마음에는 항상 거슬리는 일이 있다.
이것은 덕을 쌓는데 필요한 숫돌의 역할을 한다.
만약, 귀마다 말이 즐겁고
하는 일마다 마음에 든다면
인생을 오히려 독약으로 이끄는 것이다.

耳中常聞逆耳之言 心中常有拂心之事
이 중 상 문 역 이 지 언   심 중 상 유 불 심 지 사

纔是進德修行的砥石
재 시 진 덕 수 행 적 지 석

若言言悅耳 事事快心 便把此生埋在鴆毒中矣
약 언 언 열 이 사 사 쾌 심 편 파 차 생 매 재 짐 독 중 의

한용운 채근담

누구든 나태와 교만을 가지고 있습니다. 본디, 쓴 충고는 마음과 귀에 거슬리나 새겨들으면, 숫돌이 되어 자기 수행에 좋습니다. 이와 달리 누군가가 매일 아첨하는 말로 귀를 즐겁게 하거나, 거짓으로 꾸며서 마음을 즐겁게 한다면 이것은 독약을 마시는 것과 진배없습니다. 모름지기 훌륭한 군자는 직언直言하는 곧은 신하를 좋아하고 선善을 권하는 벗을 존경하는 법입니다.

평범함이 곧 '도道'다

독한 술, 기름진 음식, 매운맛,
달콤한 맛은 진실한 맛이 아니다.
진실한 맛은 오히려 담백하다.
진기한 물건을 가진 사람은
참된 도인이라고 할 수 없다.
참된 도인은 오히려 평범하다.

醲肥辛甘非眞味 眞味只是淡
농 비 신 감 비 진 미 진 미 지 시 담

神奇卓異非至人 至人只是常
신 기 탁 이 비 지 인 지 인 지 시 상

독한 술과 기름진 음식, 맵고 달콤한 맛을 지닌 음식들은 자연 그대로의 맛이 아닙니다. 조리된 음식이 아무리 맛이 좋아도 시간이 지나면 쉽게 상하기에 오히려 담백한 맛을 가진 음식이 더 좋습니다. 또한 음식은 만나는 사람, 장소에 따라 그 맛이 천차만별이므로 너무 맛에 집착하는 것은 좋은 태도가 아닙니다.

또한 진기한 물건이나 말로 자신을 과장되게 포장하는 사람은 사기꾼이지 도인이 아닙니다. 오히려 수양이 깊은 사람은 평범함 속에서 진실합니다. 본디 "배고프면 먹고 피곤하면 잔다."는 '선가禪家의 도道'를 깊이 생각해보세요. 이렇듯 참된 도인은 평범한 생활 가운데 도를 깨닫습니다.

홀로 있을 때 자기를 잘 관조하라

깊은 밤 사람 없는 고요한 곳에 홀로 앉아 마음을 관조
하면
망상은 곧 사라지고 진실한 생각만 하게 되어
날마다 자신만의 특별한 즐거움을 누리게 되지만
자기에게 진실하지 않고 망상을 숨기기가 어렵게 되면
그 안에서 스스로 부끄러움을 크게 느끼게 된다.

夜深人靜 獨座觀心
야 심 인 정 독 좌 관 심

始知妄窮而眞獨露 每於此中得大機趣
시 지 망 궁 이 진 독 로 매 어 차 중 득 대 기 취

旣覺眞現而妄難逃 又於此中得大慚悔
기 각 진 현 이 망 난 도 우 어 차 중 득 대 참 회

깊은 밤, 홀로 고요한 곳에 앉아서 조용하게 자기 자신을 관조하면 세속의 때와 헛된 욕심과 망상들이 모두 사라지고 자기만의 특별한 즐거움을 누리게 됩니다. 이와 달리 소란스러운 곳에 몸을 두면, 끊임없이 망상이 일어나 자기성찰의 기회를 잃게 됩니다. 무엇보다 중요한 건 자신에게 진실해야 합니다. 자기를 속이는 일은 망상의 계기가 되므로 혼자 있을 때 자신을 잘 다스려야 합니다. 그렇지 않으면 스스로 큰 부끄러움을 느낄 수밖에 없습니다. 본디 군자는 홀로 있을 때 자기를 잘 다스리는 법입니다.